세상은 축구공 위에 있어

세상은
축구공 위에
있어

축구가 바꾼
경제·역사·문화
이야기

장지원
지음

|주|자음과모음

축구로 세상을 배우는 법

축구는 전 세계 곳곳에서 즐기는 스포츠다. 2021년 현재 국제연합(UN) 회원국 수(193개국)보다 국제축구연맹(FIFA) 회원국 수(211개국)가 더 많다는 점은 이미 유명하다. 역사도 오래되어 기원전부터 이미 공을 찼다는 기록이 세계 곳곳에서 발견됐다. 1848년에는 근대 축구의 기초이자 뿌리가 되는 '케임브리지 규칙'이 세워진 바 있다.

축구는 온 세상을 먹여 살리는 산업으로도 발돋움했다. 2020년 포브스 선정 전 세계 축구선수 수입 순위 1위에 오른 리오넬 메시는 1년에 1490억 원을 번다고 밝혀졌다. FIFA 월드컵과 UEFA 챔피언스리그 등 세계 최고의 선수들이 겨루는 대회에도 수많은 글로벌 기업이 수천억 원의 돈을 들고 몰려든다.

이렇듯 축구는 단순한 공놀이를 넘어 역사, 문화, 경제 등 세상 곳곳에 깊고 다양한 발자취를 남기며 우리와 함께 하고 있다. '아는 만큼 보인다'는 말이 있듯 텔레비전으로 90분짜리 경기를 보는 데에 그치기보다 축구에 깃든 갖가지 이야기를 찾아보고 배울 때 더욱 몰입하며 만끽할 수 있다.

축구에 관심이 없는 사람도 흥분하게 만드는 대한민국 대 일본 경기, 한일전도 그렇다. 그저 동아시아 최강을 다투는 강팀 간의 경기가 아닌 수백 년 이상 역사적으로 큰 갈등을 겪은 두 나라의 자존심이 걸린 대결이다. 한일전이 열리는 날이면 다들 두 눈에 불을 켜고 승리를 염원한다.

『세상은 축구공 위에 있어』는 축구가 어떤 과정을 거쳐 지구촌 모두가 사랑하는 스포츠가 됐는지, 세계 곳곳에서 어떻게 축구와 함께 살아가고 있는지를 하나둘씩 짚어 보는 내용으로 꾸몄다. 이 책이 축구를 좋아하는 십대에게는 축구에 한 층 더 푹 빠져드는 기회가 되고, 축구에 관심을 조금씩 키워 가는 십대에게는 축구가 선사하는 다양한 즐거움과 찬찬히 마주하는 계기가 되기를 바란다.

2021년 봄
장지원

차례

1장

세계는 왜
축구에
열광할까?

모든 것이 무너져도 우리에게는 축구가 있다.

–가브리엘 바티스투타

어느 스포츠든 누가 최고의 선수인가를 두고 논쟁이 일어나기 마련이다. 세계에서 가장 인기 있는 스포츠 축구에서도 이는 예외가 아니다. 리오넬 메시와 크리스티아누 호날두 중 누가 세계 최고의 선수인지, 박지성과 손흥민 중 누가 더 뛰어난 선수인지를 두고 끝없이 다툰다. 이때 기준이 되는 것은 실제 축구에서의 골과 도움 등의 기록뿐만 아니라 하나가 더 있다. 축구 게임 속에서의 능력치다.

축구를 좋아하는 이들은 여러 방법으로 운동을 즐긴다. 가까운 운동장에 나가서 공을 차고, 프로축구 경기를 보러 축구장에 가며, 밤을 지새우며 해외 축구 중계를 시청한다. 좋아하는 팀이나 선수가 판매하는 제품을 구매하는 것 역시 방법이다. 또 하나 빠질 수 없는 것이 바로 축구 게임을 즐기는 것이다.

최고의 축구선수로 손꼽히는 크리스티아누 호날두(오른쪽)와 리오넬 메시(왼쪽).

대세 축구 게임은 크게 셋으로 나뉜다. EA스포츠의 'FIFA시리즈' 코나미의 '위닝일레븐(프로에볼루션 사커)' 세가의 '풋볼매니저'가 그것이다. FIFA시리즈와 위닝일레븐이 선수를 하나하나 조종하며 경기를 진행하는 대전 게임이라면 풋볼매니저는 감독이 되어 팀을 성장시키는 게 목적인 시뮬레이션 게임이다.

세 게임 모두 실제 축구를 바탕으로 한 팀과 선수가 출연한다. 실제가 아닌 가상의 팀과 선수가 등장하는 게임도 몇 차례 나온 적은 있으나 모두 오래가지는 못했다. 아무래도 축구를 게임으로 즐길 때 내가 좋아하는 팀과 선수를 운영하는 게 몰입하기에 훨씬 좋을 것이다. 한마디로 내가 손흥민이 된 기분으로 골을 넣어야 재미있지, 가상의 세계관에서 이름 모를 캐릭터를 조작하는 건 큰 감흥이 없기 마련이다.

그래서 축구 게임 개발사는 팀과 선수의 상표권, 초상권, 저작권 등을 쓸 수 있는 라이선스 계약에 목을 맨다. FIFA시리즈와 위닝일레븐은 이 부문으로 치열하게 경쟁하고 있다. 이전부터 앞서고 있는 쪽은 FIFA시리즈로 유럽 빅리그는 물론 K리그 등 세계 중소 리그까지 라이선스를 취득해 게임 내에 세세히 구현돼 있다.

다만 위닝일레븐이 몇몇 구단과 독점 라이선스 계약에 성공하면서 FIFA시리즈에 약간의 타격을 입히기도 했다. 이를테면 2019년부터 이탈리아 프로축구 리그 세리에A에 속한 유벤투스 FC와 독점 파트너 계약을 체결해 해당 팀의 이름, 엠블럼, 유니폼, 홈구장 등을 위닝일레븐에서만 만날 수 있게 한 것이다. 이 때문에 FIFA시리즈에서는 '피에몬테 칼치오'라는 가상 아닌 가상의 팀으로 플레이할 수밖에 없다. 일찍이 코나미와 파트너십을 맺은 스페인 프로축구 리그 라리가에 속한 FC 바르셀로나도 이와 비슷하다. 팀 이름은 FIFA시리즈에서도 그대로 나오지만 홈구장 캄 노우는 위닝일레븐에서만 구현돼 있다.

실제 축구가 그렇듯 축구 게임 또한 마냥 공평하지는 않다. 개발사는 현실 축구를 그대로 반영해 게임을 만들고자 하는데 이 때문에 잘하는 선수는 잘하는 대로, 부족한 선수는 부족한 대로 적나라하게 능력치를 매긴다. 그래서 팀 평균 능력치가 높은 구단과 낮은 구단의 격차가 클 수밖에 없다. 리그오브레전드처럼 AOS(멀티플레이어 온라인 배틀 아레나)나 오버워치와 같은 FPS(1인칭 슈팅 게임)가 캐릭터 간의 밸런스를 최대한 맞추고자 노력하는 모습과는 대조적이다.

축구 게임이 더욱 보편화되고 게임 시스템도 섬세해지고 있다

보니 실제 선수들이 자신의 게임 속 능력치를 보며 기뻐하거나 반박하는 일이 심심찮게 나타나고는 한다. 잉글랜드 축구선수 해리 케인은 "내 속도 능력치가 이렇게 낮다니 너무 가혹하다"라고 말하며 세부 데이터에 만족하지 못함을 드러냈고, 코트디부아르 전 축구선수 디디에 드로그바는 자신의 능력치가 너무 낮다는 이유로 개발사에 항의하기도 했다. 심지어 벨기에 축구선수 미시 바추아이는 "어떤 선수는 돈과 영예 혹은 타이틀을 위해 뛴다. 하지만 나는 축구 게임에서 내 능력치를 높이기 위해 경기에 나선다"라며 게임을 대하는 태도가 남다르다는 것을 밝혔다.

그렇다면 축구 게임에서 수만 명에 달하는 선수들의 능력치는 누가 어떻게 매길까? 풋볼매니저는 전 세계에 1000명 이상의 조사원이 있어 그들이 제공하는 선수 및 스태프 관련 정보를 모아 능력치를 정리한다. 개인이나 팀을 비롯해 경우에 따라서는 국가 전체에 걸쳐서 경기를 지켜보고 그들의 능력을 분석해 데이터화하는 것이다. 개발사는 풋볼매니저를 위해 일한 조사원 중 이와 같은 지식과 헌신을 인정받아 실제 축구계에 진출한 사람도 있다고 언급하기도 했다.

한 조사원의 인터뷰에 따르면 "선수의 능력을 읽는 데에 정답은 없으며 각자가 다 다르다. 현재 능력을 구성하는 모든 속성을 파악하기 위해 시간을 들여 충분한 정보를 바탕으로 결정하고자 한다"

라고 밝혔다. "가능한 한 많은 팀의 스카우터 및 유소년 코치와 연락을 유지하고 있다. 그들도 게임의 열렬한 팬이어서 게임 속 자신의 데이터가 최고가 되기를 원한다"라고도 말했다. 이렇게 모인 데이터는 꽤 정확한 편인지라 게임에서 유망주로 분류된 선수가 몇 년 후 현실에서 뛰어난 선수로 만개하는 경우도 있다.

이렇듯 풋볼매니저는 최대한 현실과 가깝게 세세한 사항을 아낌없이 담아 놓은 게임이어서 마니아들 사이에서 인기가 높다. 그야말로 축구 팬으로서 이루고 싶은 로망을 실현하며 대리만족을 끌어내는 게임이다. 특히 매년 새롭게 열리는 축구 리그처럼 끝이 따로 없어 멈춤 없이 계속 플레이할 수 있다. 과몰입에 빠져들기 딱 좋은 게임성을 갖춘 덕에 중독자를 양산하는 게임이라는 별칭을 얻기도 했다. 축구 종가 영국의 법원에서는 풋볼매니저 과몰입을 이혼 사유로 인정한 판례가 있을 정도다.

날이 갈수록 실제 축구와 비슷해지고 있는 게임이지만 지나치게 몰입하는 것은 자제할 필요가 있다. 일부 일그러진 팬들처럼 게임 속 능력치로만 실제 축구 선수들을 속단하지는 말아야 한다. 백문불여일견(百聞不如一見), 직접 운동장에 나가 공을 차고 축구장에서 경기를 관람하며 축구를 다양하게 즐겨 보자.

가장 원초적인 스포츠 축구

축구는 11명이 팀을 이뤄 발과 머리로 공을 주고받으며 상대 골문에 넣는 스포츠다. 경기 방식은 비교적 단순하고 이해하기 쉽다. 농구처럼 잦은 파울이 일어나지 않으며 야구처럼 복잡한 규칙도 없다. 테니스 선수가 쓰는 라켓이나 아이스하키 선수가 입는 전신 보호 장구도 필요하지 않다. 오직 공을 차면서 달리면 그만이다.

흔히 축구를 원초적인 종목 또는 원시성 가득한 스포츠라고 말한다. 인간의 숨겨진 욕망을 채워 주는 것이 축구라는 의미다. 영국의 동물행동학자 데즈먼드 모리스는 인류가 생존을 위해 하던 사냥의 자리를 시간이 흘러 구기 스포츠가 대체했으며, 원시시대의 사냥 욕구를 가장 널리 충족시켜 주는 것이 바로 축구라고 짚었다.

모리스는 "공을 골문으로 겨냥하는 행위는 사냥감에게 무기를

원시시대의 사냥과 현대의 축구는 닮은 점이 많다.

조준하는 것과 같다. 정확히 조준해 찬 공이 골문으로 들어가는 건 사냥감을 해치웠음을 상징한다"라고 말했다. 더 나아가 축구단을 하나의 부족이라 보고, 전투에 나서는 전사는 경기장에서 뛰는 선수, 승리를 기원하며 응원하는 구성원은 관중석에 모인 팬, 부족을 다스리는 원로는 이사진, 싸움에서 이길 수 있도록 주문을 거는 주술사는 감독과 코치진에 대입했다.

축구는 목재를 깐 실내 코트에서나 얼음으로 뒤덮인 아이스링크가 아닌 넓은 야외 잔디밭에서 펼쳐진다. 광활한 초원에서 각자 역할을 나눠 지치지 않고 뛰어다니는 것은 매머드 같은 거대한 동물을 사냥하는 모습이 연상된다. 육상에서의 달리기, 멀리뛰기, 창 던지기 등이 개인의 사냥 또는 전투 능력을 겨루는 종목이라면 축구는 집단의 능력을 가늠하는 척도로 이어진다.

축구화와 정강이 보호대, 골키퍼 한정 장갑을 제외하고는 거의 맨몸으로 뛰어다닌다는 점 또한 축구가 원초적이라는 말과 매우 잘 어울리는 이유다. 축구는 다른 종목처럼 참여에 꼭 필요한 특수 장비가 따로 없다. 곰과 호랑이처럼 날카로운 송곳니도 소와 사슴처럼 거대한 뿔조차 없는 원시인류에게 가능한 일이라고는 함께 힘을 합쳐 끈질기게 사냥감을 괴롭히는 것뿐이었듯이 말이다. 공을 차고 달리기만 해도 축구를 즐길 수 있다는 점은 누구라도 언제든지 부족이 염원하는 사냥을 승리로 이끄는 영웅이 될 가능성이 있음을 뜻하기도 한다.

복장 또한 얇은 반팔 또는 긴팔 티셔츠, 반바지 그리고 무릎까지 올라오는 양말이 전부다. 유니폼의 역할이라 해도 땀 배출 같은 기

같은 색깔의 유니폼은 일체감과 소속감을 드높여 준다.

능성은 최근에 생겼고 본래 상대 팀과 우리 팀을 색깔로 구별하는 정도가 끝이었다. 그러나 이는 곧 유니폼의 색깔이 우리의 색깔이자 내 색깔이라는 일체감과 소속감을 드높여 준다. 마치 싸우기 위해 초원에 나서기 전 서로 같은 색을 얼굴에 칠하거나 같은 무늬의 깃발을 올려 흔드는 것과도 같다. 심지어 깃발을 드는 행위는 지금의 축구장에서도 골대 뒤 관중석에서 심심찮게 만날 수 있다.

이처럼 축구는 오랜 세월 인류사와 일맥상통하는 단순함을 지키며 전 세계에서 즐기는 스포츠로 이어지고 있다. 현대에 들어 상업화와 과학기술의 발전을 등에 업고 특수성과 디테일이 조금씩 더해지고 있지만, 축구 자체가 인간에게 던져 주는 원초적이라는 근본은 벗어나지 않기에 여전히 지구촌 최고 스포츠의 자리를 지키고 있는 것이 아닐까.

고대 로마에서 시작된 공놀이

　원조 족발, 원조 칼국수, 원조 부대찌개, 원조 국밥 등 거리를 보면 자신들이 가장 먼저 만들었다고 자랑하는 가게가 참 많다. 세계인의 스포츠 축구에도 원조 논란이 이어지고 있다. 공을 차는 놀이가 언제 어디서 시작됐는지를 두고 다투는 문제다. 흔히 알려지기로는 영국에서 처음 생겨났다고 한다. 하지만 이는 1800년대 후반 근대 축구의 시작을 뜻할 뿐이다. 규칙을 정하기 이전의 훨씬 옛날로 거슬러 올라가면 원조라고 할 만한 축구가 어땠는지를 알 수 있다.

　역사로 남은 가장 오래된 축구를 접하려면 기원전 7세기에서 6세기 무렵의 그리스로 넘어가야 한다. 에피스키로스(Episkyros)라 불린 이 공놀이는 12~14명이 한 팀을 이루고 공을 차거나 던지면서 전진해 상대 팀이 지키는 골라인을 넘으면 이기는 경기였다. 공을 잡은 채 상대방을 뚫고 나아가야 하다 보니 서로 몸이 부딪치는 건 당연했으며 선수들이 다치는 정도는 지금의 축구와는 비교할 수 없을 정도로 빈번했다.

놀이라기보다는 격투 또는 패싸움에 가까운 이 종목은 훗날 로마로 건너가 개선되며 로마군을 위한 훈련의 하나로 활용됐다. 고대 로마에서는 이를 하르파스툼

공을 가지고 노는 모습이 묘사된 고대 그리스의 비석.

(Harpastum)이라 불렀다. 경기 방식은 에피스키로스와 같으나 로마는 여기서 한발 나아가 공격과 수비의 분업을 이루며 거친 공놀이에서 효율적으로 승리할 전략과 전술을 갖추기 시작했다. 전쟁 시 활용하는 전투대형을 경기에 입힘으로써 하르파스툼을 군사훈련으로 이용한 것이다.

하르파스툼이 현대에도 이어지고 있는 형태가 이탈리아의 칼치오(Calcio)라고 볼 수 있다. 15세기경 처음 치러졌다고 기록된 칼치오는 이탈리아가 수많은 도시국가로 나뉘었던 시절, 축제의 일부이자 도시 대항전의 하나로 펼쳐진 거대한 행사였다. 격렬하기는 에피스키로스나 하르파스툼과 마찬가지 또는 그 이상이어서 공을

차고 던지는 것을 넘어 상대방을 쓰러뜨리고 주먹으로 때리는 것도 가능했다. 이탈리아는 지금도 이 전통 스포츠를 자부심으로 여기며 매년 경기를 치르고 있다. 또 축구를 풋볼(Football) 또는 사커(Soccer)로 부르는 대신 칼치오라 일컫고 있다.

아시아에서는 고대 중국의 기록에서 축구를 찾을 수 있다. 기원전 5세기에서 3세기 사이인 전국시대에 축구는 축국(蹴鞠)이라는 이름으로써 군사훈련의 일부로 쓰였다. 로마의 하르파스툼과 마찬가지로 축국이 전투력을 가늠하는 용도로 활용된 것이다. 중국 한나라의 역사가 사마천이 쓴 『사기』에 축국을 하지 않는 사람이 없을 정도다고 적혔을 만큼 축국의 인기는 높았다.

한나라 때의 축국은 두 가지 형태로 나뉘어 발전했다. 하나는 앞서 말한 군사훈련으로써의 축구로 경기장의 양 끝에 구멍 여러 개를 파 놓고 상대 진영의 구멍에 공을 넣어야 승리하는 식으로 펼쳐졌다. 다른 하나는 특별한 경기장이 없고 공을 더 높이 차고 더 오래 차 승부를 가르는 방식으로 훈련보다는 귀족의 놀이로 치러지는 식이었다. 전자가 지금의 축구와 흡사하다면 후자는 오늘날의 제기차기 또는 공으로 할 수 있는 개인기와 묘기를 보여 주며 겨루는 프리스타일 축구와 가깝다고 볼 수도 있다.

축국은 당나라로 넘어가며 우리가 아는 축구의 모습으로 바뀌었다. 구멍 대신 그물망을 얹은 골대를 세우고 그 안으로 공을 차

고대 중국에서는 오늘날의 프리스타일 축구와 비슷한 축국을 하기도 했다.

넣는 방식으로 바뀌었으며 군사훈련의 하나로 일정한 대형을 갖추는 것이 더욱 중요시됐다. 팀을 이뤄 대형을 갖춘 상태에서 앞으로 나아가고 뒤로 빠지는 훈련을 했는데 현대 축구에서 포메이션을 이루고 앞뒤 간격 유지를 중시하는 형태와 매우 유사했다.

　우리나라에서 축구를 즐겼다는 가장 빠른 기록은 삼국시대에서 찾을 수 있다. 고대국가로 차츰 성장하는 시기에 고구려, 백제, 신라 곳곳에서 축국이 펼쳐졌다. 특히 백제와 신라에서는 농주(弄珠)라고 부르는 공놀이를 즐겼다. 한편 통일신라 시대로 넘어가서는 보병의 대형 유지를 훈련하는 축국보다 말을 탄 군인의 기병술을 연마하는 격구가 더 발전했다고 알려져 있다.

고려시대에도 축국은 이어졌다. 고려 문신 이규보의 문집『동국이상국집』에는 아이들이 돼지 오줌보에 바람을 넣어 가죽으로 감싼 공을 차고 놀았다는 이야기가 담겨 있다. 마찬가지로 조선시대에도 축국을 좋아하고 즐겼다는 기록이 여럿 드러난다. 다만 기병술과 활쏘기가 중요시되는 추세와 성리학 이념의 확산으로 운동과 놀이를 낮게 보는 인식이 퍼지면서 축국은 아이들의 놀이로 정착되었다.

영국에서 다져진 근대 축구

고대에서 중세까지 축구는 지금과 같은 규칙이 따로 없었다. 사실상 구기 스포츠라기보다는 공을 갖고 전진하는 패싸움에 가까웠다. 주먹다짐과 발 차기는 물론 무기를 숨기고 경기장에 들어가기도 했다. '축구는 전쟁이다'라는 말이 괜히 나온 게 아닐 정도로 오래전의 축구는 무규칙 격투기나 다름없었다.

군사훈련 목적으로 치르던 축구가 민간으로 인기리에 퍼지면서 경기 간에 다치는 사람과 죽는 사람이 속출했다. 이에 중세 유럽에서는 축구 금지령이 내려지기도 했다. 축구가 사람들을 끌어 모으는 종목이라 자칫 지배층을 향한 시위로 이어질까 두려워서가 아니었다. 경기 방식이 너무 위험하고 야만적이라고 봤기 때문이다.

금지령을 어기고 축구를 했다가는 감옥에 가야 했다. 대표적인 사례 중 하나가 1314년 영국 런던 시장 니콜라스 팬덤이 에드워드 2세의 명으로 축구 금지령을 발표한 것인데 내용은 다음과 같다.

공공장소에서 여러 사람들이 축구를 함으로써 발행하는 소란으로 신이 허락하지 않는 악덕이 만연하고 있다. 국왕을 대신해 축구를 금지하니 앞으로는 시내에서 이를 행하는 자는 투옥한다.

금지령은 이후로도 무수히 내려졌으나 대중의 피를 끓게 하는 축구를 완전히 멈추게 하지는 못했다.

지금이라면 상상하지 못할 만큼 광적인 폭력으로 가득하던 축구를 점차 체계적인 놀이이자 운동으로 발전시킨 곳은 영국의 명문 교육기관이다. 19세기 들어 축구는 학생들에게 규율을 가르치고 사회생활에 좋은 성격을 기르기에 적합하다는 점에 힘입어 영국 체육교육의 중심으로 우뚝 섰다. 축구가 귀족들의 즐길 거리로 주목받으면서 '신사들의 스포츠'라 불릴 면모를 조금씩 갖추게 된 것이다.

이렇게 전국의 여러 명문 고등학교와 대학교에서 축구를 즐겼으나 사소한 문제가 떠오르기 시

지금의 축구와 달리 중세 축구는 상당히 과격했다.

럭비는 축구와 달리 손을 사용할 수 있으며 한결 더 거칠다.

국제축구평의회는 축구 종가 영국의 네 축구협회 잉글랜드, 스코
틀랜드, 웨일스, 북아일랜드에서 1명씩 그리고 국제축구연맹(FIFA)
에서 4명씩 총 8명이 모여 규칙을 관리한다. 경기 규칙의 수정은
국제축구평의회의 8명 중 6명이 동의해야 허용될 만큼 엄격하게
다뤄지고 있다.

축구는 꼭 11명이 해야 할까?

일반적인 팀 스포츠는 몇 대 몇으로 겨루는지 구성원의 수가 정해져 있다. 농구 5명, 배구 6명, 야구 9명 그리고 축구는 11명이다. 이를 보면 궁금증이 생긴다. 왜 축구는 하필 10명도 15명도 아닌 11명일까? 축구를 하기 위해 한 팀에 11명, 상대 팀까지 더해 총 22명을 모으는 일이 쉽지 않은데 말이다.

축구라는 형태의 공놀이가 처음부터 한 팀에 11명으로 시작되지는 않았다. 15세기 이탈리아에서 치러진 칼치오는 27명이 팀을 이루었고, 더 이전의 고대와 중세 축구는 최대 100명까지도 한 팀이 돼 상대와 싸웠다. 그러다 최종적으로 한 팀을 11명이라 정한 데에는 여러 설이 따른다. 축구 이전에 인기를 끌어온 스포츠 크리켓과 필드하키의 팀원이 모두 11명이라는 점도 그중 하나다.

정설에 가장 가깝다고 전해지는 건 19세기 영국 사립학교 간의 축구 경기에서 유래됐다는 설이다. 각 사립학교의 기숙사는 보통 한 방에 학생들이 10명씩 생활했고 이들을 관리하는 사감이 1명 있었다. 이렇게 방 하나를 이루는 11명이 한 팀이 돼 축구를 즐기면서 구성원 수가 굳어졌다고 한다. 덧붙여 학생들은 필드플레이어를, 사감은 골키퍼를 맡았다고 전해진다.

　이로써 한 팀이 11명으로 정착된 축구는 다양한 명장면을 만들어 내며 세계 최고의 스포츠로 자리를 잡았다. 그러나 늘 11명씩 두 팀이 모여 드넓은 잔디 구장에서 뛸 수는 없는 노릇이었다. 사람이 많이 필요한 만큼 모두 제시간에 모이기도 어렵고 마음껏 공을 찰 넓은 잔디밭을 찾기도 쉽지만은 않기 때문이다. 축구를 마음껏 즐기고 싶은 사람들이 저마다 방법을 찾아 나서며 더 작은 형태로 여러 방식의 축구가 생겨나기도 했다.

　그중 가장 널리 알려진 스포츠가 5명이 한 팀이 되어 즐기는 실내 축구 풋살이다. 풋살(futsal)은 실내 축구를 뜻하는 스페인어 'Fútbol de salón' 그리고 포루투갈어 'futebol de salão'의 각 앞글자를 합성해 만들어졌다. 40×20미터 크기의 경기장에서 아기자기하게 공을 차는 운동이다. 축구보다 조금 덜 튀기는 공을 사용하고 오프사이드가 없으며 선수 교체 또한 무한으로 가능하고 공이 나갔을 때 던지기 대신 킥인(kick-in)을 실시하는 점이 가장 큰 차이다.

풋살은 축구보다 적은 인원으로 실내에서 즐길 수 있다.

풋살은 간편한 경기 방식 때문에 널리 알려졌으며 우리나라에도 즐기는 사람이 많다.

　실내로도 모자라 바닷가에서도 공을 차고 싶던 이들은 비치사커라는 종목을 만들었다. 비치사커는 축구 강국 브라질에서 해변에서도 축구를 즐기고자 만들었으며 풋살과 마찬가지로 5명이 한 팀으로 경기가 진행된다. 발이 푹푹 빠지는 모래밭이다 보니 땅볼 패스나 드리블보다는 공을 위로 띄운 채로 플레이하는 형태가 주를 이루며 공이 바닥에 닿기 전에 슈팅하는 발리슛이 많이 나온다. 간혹 울퉁불퉁하게 쌓인 모래 때문에 불규칙 바운드가 일어나 예상치 못한 상황이 벌어지기도 한다.

위 두 종목은 축구에서 유래한 비슷한 형태의 스포츠인 럭비나 미식축구 등과는 분명히 다른 특징이 하나 있다. 풋살과 비치사커 모두 국제축구연맹이 직접 관리한다는 사실이다. 그래서 두 종목 모두 월드컵이라는 세계대회를 운영하며 이 대회에 참가하는 국가대표팀 역시 축구 국가대표팀과 같은 유니폼을 입고 경기에 나선다. 풋살 월드컵은 4년에 한 번, 비치사커 월드컵은 2년에 한 번 열리며 대한민국 국가대표팀은 아직 두 대회 모두 예선을 통과해 본선에 진출한 바가 없다.

최근에는 8명이 한 팀이 되는 8인제 축구의 중요성도 조금씩 높아지고 있다. 기존 축구를 할 때보다 선수 개개인이 공을 만지고 패스하는 횟수가 더 많아지는 덕에 청소년들이 축구를 배울 때 훨씬 도움이 된다고 밝혀졌다. 8인제 축구는 기존 축구장의 절반 크기의 경기장에서 진행하며 선수 교체가 수시로 가능하다는 점과 킥오프한 공이 바로 상대 골대에 들어갔을 때 득점 인정이 되지 않는다는 점 등 일부 규칙 외에는 기존 축구와 같다.

4명씩 공을 차며 진행되는 종목으로 족구가 있다. 다만 발을 사용한다는 점에서만 축구와 비슷할 뿐 자세한 규칙은 배구, 테니스와 더 맞아 떨어진다. 족구는 학교나 군대에서 즐겨 하는데 1966년 대한민국 공군 조종사들이 지금과 같은 규칙을 정하고 즐기면서 퍼져 나갔다. 2018년에는 체코 첼라코비체에서 국제 족구 대회가 열려 대한민국 선수단이 우승을 차지하기도 했다.

두 사람이 한 팀으로 이루어지며 축구와 탁구가 합쳐진 공놀이 테크볼(Teqball)이 최근 인기를 끌기 시작했다. 2012년 헝가리에서 만들어진 신생 스포츠로 가운데가 둥글게 솟은 특이한 모양의 테이블 위로 머리와 발을 써 공을 넘기며 승패를 가른다. 2017년에는 국제테크볼연맹이 세워졌고 그해부터 매년 세계대회를 개최하고 있다.

혼자서도 할 수 있는 축구도 있다. 프리스타일 축구는 발과 머리뿐만 아니라 무릎, 어깨, 등을 비롯한 몸 곳곳으로 화려하게 공을 갖

축구와 탁구가 결합된 신생 스포츠 테크볼의 경기 모습.

고 놀면서 재주를 뽐내는 종목이다. 누가 더 멋진 개인기를 펼치는 지에 따라 점수가 주어지므로 예술에 가까운 종목이라고 할 수 있다. 프리스타일 축구의 시작도 한국인이 개척해 세계 무대로 끌어올렸다. 프리스타일 축구선수 우희용은 부상으로 일찍 기존 축구선수 생활을 접어야 했으나 전 세계를 오가며 프리스타일 축구 공연을 펼쳤다. 그의 노력 덕에 프리스타일 축구는 전 세계로 퍼졌다. 현재는 세계프리스타일축구연맹(IFFA)이 주최하는 세계대회가 활발히 열릴 정도로 성장했다.

세계인의 축제 월드컵

월드컵 하면 축구가 먼저 생각날 정도로 'FIFA 월드컵'은 축구를 대표하는 세계대회다. 한 종목으로 치르는 대회임에도 올림픽과 경쟁할 만큼 축구의 인기와 위상은 상상을 넘어선다. 국제축구연맹에 따르면 지난 2018년 러시아 월드컵 경기를 시청한 사람이 35억 7200만 명에 달했으며 프랑스 대 크로아티아의 결승전은 11억 2000만 명이나 시청했다고 밝혔다. 세계 인구 약 77억 명 중 절반가량이 월드컵을 본 셈이다.

월드컵은 1930년 첫 번째 대회가 열린 이래 제2차 세계대전으로 축구를 즐기지 못하던 때를 제외하고는 매번 4년에 한 번씩 빠짐없이 열렸다. 본선에 참가하는 국가대표팀의 수는 시간이 흐를수록 점차 증가해 첫 대회인 1930년 우루과이 월드컵은 13개 팀, 이

함께하고 있다.

월드컵은 이렇듯 본선 진출도 힘들지만 우승은 더 어렵다. 90년 가까이 흐른 월드컵 역사에서 우승을 경험한 나라는 단 여덟 곳밖에 없을 정도다. 최다 우승국은 월드컵 본선 개근 팀 브라질로 총 5회에 달하며 독일과 이탈리아가 각 4회로 뒤를 잇는다. 다음으로는 아르헨티나가 3회, 우루과이, 프랑스가 2회씩 우승을 차지했으며 끝으로 잉글랜드, 스페인이 우승컵을 1회 들어본 바 있다. 잉글랜드가 축구 종가라고는 하나 1966년 자국에서 열린 월드컵에서 딱 한 번 우승했을 뿐이라는 점이 이채롭다. 최다 준우승은 총 4회를 기록한 독일이며 우승 없이 준우승만 가장 많이 겪은 곳은 네덜란드로 3회나 결승전에 진출했지만 한 번도 이기지 못했다.

월드컵에서 우승하면 트로피로 'FIFA컵'을 수여받는다. 특이한 점은 이름은 컵이면서 모양은 두 사람이 지구를 양팔 높이 들어 받치는 모습의 트로피라는 부분이다. FIFA컵은 높이 36센티미터에 무게 약 5킬로그램의 금으로 이루어졌으며 받침대 아래에는 역대 우승 팀의 이름이 새겨진다.

FIFA컵을 우승 팀이 가져가지는 못한다. 시상식 때 진품을 들 수 있게

월드컵에서 우승하면 FIFA컵을 수여받는다.

만 해 줄 뿐이며 그 대신 비슷한 모양의 복제품을 준다. 그 까닭은 FIFA컵 이전에 월드컵 우승 트로피의 역할을 한 쥘리메컵이 수차 례 도둑맞는 수난을 입은 전례가 있기 때문이다. 쥘리메컵은 최초 로 월드컵 3회 우승을 해낸 브라질에 영구 수여됐으나 결국 또다시 도난을 당했고 금괴로 만들어져 팔려 나갔으리라는 추측만 남았을 따름이다.

우리나라는 독립 후 1954년 스위스 월드컵 예선에서 일본을 꺾 으며 첫 본선 진출이라는 쾌거를 달성했다. 그러나 세계의 높은 벽 만 실감한 채 모든 경기에서 지며 일찍 짐을 싸야 했다. 이후 32년 이 흘러 1986년 멕시코 월드컵에 다시 출전하면서 2022년 카타르 월드컵까지 10회 연속 본선 진출의 기록을 세우며 지금에 이르고 있다. 그중 2002년 한일 월드컵 때는 본선 첫 승을 넘어 4강까지 오 르는 신화를 이뤘으며 2010년 남아공 월드컵에서는 처음으로 원 정 16강에 진출했다. 2018년 러시아 월드컵은 비록 조별리그 통과 에는 실패했으나 지난 대회 우승 팀 독일을 2:0으로 꺾고 탈락시 키는 대이변의 주인공이 됐다. 2022년 카타르 월드컵에서도 강호 포르투갈을 경기 종료 직전 대역전승으로 꺾는 이변을 연출하며 다시 한번 16강에 올랐다.

공은 둥글다

    드라마나 애니메이션을 한순간도 놓치지 않고 보는 이유는 이 야기가 언제 어떻게 다른 식으로 펼쳐질지 모르기 때문이다. 순식 간에 경기 판세가 뒤집히는 스포츠도 마찬가지다. 게다가 전체 흐 름을 누군가가 임의로 설정하지 않으니 '각본 없는 드라마'라고도 부른다. 특히 축구는 단 한 골만으로 결과가 바뀔 수 있기에 더욱 의외성이 높은 종목이라 일컬어진다.

    스포츠에서 의외의 결말은 강팀과 강팀, 약팀과 약팀의 경기보 다는 강팀과 약팀의 경기에서 자주 등장한다. 약팀이 강팀을 잡는 이변, 즉 자이언트 킬링(Giant-killing)이 벌어질 때 사람들은 희열을 느낀다. 단순히 짐작하지 못한 결과에 놀라는 것뿐만이 아니다. 약 팀이라고 기죽지 않고 어떻게든 맞서 싸우며 어려움 끝에 승리를 따내는 기쁨에 함께 환호하는 것이다. 물론 강팀을 응원하는 쪽으로서는 속이 쓰리겠지만 말이다.

앞서 살펴본 월드컵에서도 수많은 이변과 명승부가 가득하다. 2018년 영국 신문 데일리메일은 월드컵 최대의 이변 13선을 꼽았다. 그중 5위가 2002년 한일 월드컵 개막전 세네갈, 프랑스에 1:0 승, 3위는 1950년 브라질 월드컵 조별리그 미국, 잉글랜드에 1:0 승, 대망의 1위는 2014년 브라질 월드컵 준결승 독일, 브라질에 7:1 승이었다. 그런데 놀라운 점은 이 순위 안에 대한민국 국가대표팀이 두 차례 북한 국가대표팀이 한 차례 포함돼 있다는 사실이다.

2018년 러시아 월드컵 조별리그 3차전에서 대한민국은 이전 대회 우승 팀 독일을 맞이해 2:0로 승리를 거뒀다. 이는 13선 중 2위에 올랐다. 4위는 1966년 잉글랜드 월드컵에서 벌어진 북한 대 이탈리아 경기였다. 북한은 '천리마 축구'라는 별칭에 어울리는 경기로 강호 이탈리아를 1:0으로 꺾고 8강에 진출했다.

2002년 한일 월드컵 16강전 대한민국 대 이탈리아 경기에서 대한민국 국가대표팀 서포터스 붉은악마가 'AGAIN 1966'을 카드섹션으로 펼쳐 응원했다. 연장전까지 진행된 끝에 대한민국은 이탈리아를 2:1로 제압해 8강에 진출하는 데 성공했다. 이 경기는 세계 축구 역사에 남은 경기 6위에 올랐다.

유럽 프로축구단끼리 겨루는 꿈의 무대 유럽축구연맹(UEFA) 챔피언스리그에서는 결과를 바꾸지 못하리라 여겨지는 약팀이 막판 뒤집기에 성공해 대역전극을 만들어 낸 몇몇 사례가 있다. 월드컵과 달리 챔피언스리그는 토너먼트에서 단판 승부가 아닌 서로의 홈구장에서 한 번씩 경기를 진행하는데 1, 2차전을 합산한 점수로 최종 승패를 가린다. 그래서 이를 두고 '180분 승부'라고도 부른다.

대표적으로 알려진 경기는 데포르티보 라코루냐 대 AC 밀란의 2003-04 챔피언스리그 8강전이다. 전통 강호 밀란은 홈구장에서 펼쳐진 1차전에서 4:1 대승을 거뒀다. 당시까지 유럽 대항전에서 3골 차 승부를 뒤집은 일은 없었다. 그러나 데포르티보는 이를 기어이 해내며 자신의 홈에서 4:0 승, 합산 스코어 5:4로 대역전승을 거두고 준결승에 진출했다.

이와 비슷한 일이 2018-19 시즌 FC 바르셀로나 대 리버풀 FC의 준결승전에서 벌어졌다. 이때는 1차전에서 바르셀로나가 리버풀을 3:0으로 먼저 제압했으나 2차전에서 리버풀이 바르셀로나를 4:0으로 완전히 뒤집으며 대역전극을 만들어 냈다.

뜻밖의 이변은 월드컵이나 챔피언스리그처럼 토너먼트 경기에서 주로 나타나지만 1년 내내 진행되는 리그 경기에서도 볼 수 있다. 약체로 평가받던 팀이 우승을 이루는 영화 같은 일이 세계에서 가장 인기 있는 축구 리그인 잉글랜드 프리미어리그에서 두 차례나 일어났다. 1994-95 시즌 우승 팀 블랙번 로버스, 2015-16 시즌 우승 팀 레스터 시티가 바로 그들이다. 매번 리그 상위권을 나눠 갖는 빅클럽 아닌 팀이 우승을 차지한 해는 이 두 번이 전부일 정도다.

20년 터울로 터진 깜짝 우승의 비결로 양 팀 사이에 몇 가지 공통점이 있다. 먼저 블랙번에는 앨런 시어러, 레스터에는 제이미 바디라는 뛰어난 공격수가 존재했다. 이때 시어러는 리그 34골, 바디는 리그 24골을 넣으며 팀의 공격력을 책임졌다. 또 운도 잘 따라줘서 강팀들이 주춤하던 때를 놓치지 않고 기회를 잡은 점도 주효했다.

축구에서는 정규 리그 외에 컵대회도 열린다. 월드컵처럼 토너먼트 형식으로 치러지는 컵대회는 상하위 리그의 프로와 아마추어를 총망라해 전국 최강자를 가린다. 컵대회에서 나온 이변의 사건으로는 '칼레의 기적'이 있다. 1999-2000 프랑스 컵에 출전한 4부 리그 아마추어 팀 칼레 라싱 위니옹이 당시 1부 리그 프로 팀이자 이전 시즌 우승 팀 지롱댕 드 보르도를 무찌르고 결승까지 오른 일대의 사건이었다. 칼레에서 뛰는 선수들은 아마추어인 만큼 동네 슈퍼마켓 주인, 파트타이머 등 각자 하던 일도 제각각이어서 전 세계 축구 팬들에게 큰 감명을 불러일으켰다.

2장

세상을
바꾸는 축구

축구는 인생에서 중요하지 않은 것들 중 가장 중요하다.
-카를로 안첼로티

어려운 사람을 돕는 자선경기

축구 하면 치열한 몸싸움과 거친 태클 그리고 화끈하게 지르는 포효와 함성이 떠오른다. 반드시 경기에서 이기기 위해 온몸을 다 바쳐 뛰고 승자와 패자가 나뉘면 이긴 팀은 기뻐하고 진 팀은 눈물을 흘린다. 무승부로 끝났을 때는 상황마다 다르기는 한데 보통은 두 팀 모두 웃지 못하는 채로 끝나고 만다.

하지만 축구가 꼭 이처럼 피도 눈물도 없는 공 다툼으로만 펼쳐지지는 않는다. 오히려 결과에 상관없이 누가 골을 넣든지 누구에게 골이 먹히든지 모두 즐겁게 웃으면서 마무리하는 경기도 있다. 경기를 하여 얻어지는 수익금의 전부 혹은 일부를 자선사업에 기부하는 자선경기가 그렇다.

가깝게 접할 수 있는 자선경기로는 홍명보 자선 축구 경기가 있다. 정식 이름은 셰어 더 드림 풋볼 매치(Share The Dream Football Match)로 쉽게 말해 꿈을 함께 나누는 축구 경기다.

홍명보는 월드컵 4회 출전을 비롯해 2002년 한일 월드컵 때 주장으로서 대한민국 국가대표팀을 4강까지 이끌었고, K리그 포항 스틸러스와 일본·미국 프로 무대에서도 활약한 축구선수다. 2002년 월드컵 직후 미국으로 건너가 뛰던 중 천안초등학교 축구부 합숙소 화재 소식을 접한 뒤 사회에 공헌하는 일에 관심을 느끼며 자선경기를 열기 시작했다.

홍명보 자선 축구 경기는 2003년부터 2018년까지 매년 크리스마스 직전에 개최됐다. 대한민국을 대표하는 현역 스타와 은퇴한 전설은 물론 심서연, 이민아, 지소연 등 여자축구 선수도 어울려 뛰었으며 축구를 좋아하는 몇몇 연예인까지 참여한 바 있다. 사랑팀 대 희망팀이라는 이름을 달고 전현직 국가대표팀 대 올림픽대표팀, 해외 리그 올스타 대 K리그 올스타 등 여러 가지 형태로도 맞대결이 치러졌다.

홍명보 자선 축구 경기는 첫 개최 이래 16년 동안 약 22억 8000만 원의 기금을 조성해 복지시설 및 불우아동 지원, 지자체 시설 및 행정 지원을 했으며 청년실업 등 사회문제 해결을 위해서도 발 벗고 나섰다. 급한 수술이 필요하던 어린이가 자선경기 수익금으로 수술을 받은 후 이듬해 자선경기에서 시축을 하기도 했다.

2010년에는 1만 5111명이 단체로 캐럴을 노래해 기네스 세계기록
을 달성하면서 색다른 감동을 주기도 했다.

해외 자선경기를 꼽으라면 지단·호나우두 친구들의 경기가 있
다. 본래 명칭은 매치 어게인스트 포버티(Match Against Poverty), 즉
빈곤 퇴치를 위한 경기이며 프랑스 축구 스타 지네딘 지단, 브라질
축구 스타 호나우두 그리고 유엔개발계획(UNDP)이 함께한다.

말 그대로 지단과 호나우두의 친구들이 모여 펼치는 자선경기
인 만큼 최정상의 자리에서 같이 뛰거나 서로 상대한 스타플레이
어가 여럿 참여한다. 코트디부아르 축구선수 디디에 드로그바, 스

빈곤 퇴치 자선경기에 참여한 호나우두(왼쪽)와 지네딘 지단(오른쪽).

페인 축구선수 이케르 카시야스, 포르투갈 축구선수 루이스 피구, 체코 축구선수 파벨 네드베드 등 각 대륙, 나라, 클럽에서 뛰어난 활약을 보인 선수들이 합세하면서 우리나라 언론에서는 이른바 '세계 올스타전'이라고도 불렸다. 브라질 여자축구 선수 마르타 또한 함께 뛰었으며 대한민국 국가대표 손흥민도 독일에서 뛰던 시절 함부르크 올스타 소속으로 자선경기에 나선 바 있다.

자선경기에서 얻은 수입은 유엔개발계획에서 쓰이거나 전 세계 가난한 나라의 발전을 위해 사용된다. 2003년 스위스 바젤에서 열린 첫 경기에서 무려 100만 달러를 모금한 것을 시작으로 매년 20~40만 달러를 모으는 데 성공해 아시아나 아프리카 등 경제가 어려운 나라 및 자연재해로 고통 받는 지역에 성금을 내놓았다.

그 밖에 유럽 명문 프로축구단의 전설들이 모여 팀 대 팀으로 자선경기를 여는 레전드 매치의 형태도 꾸준히 성사되고 있다. 유럽 축구를 주름잡는 명문 클럽들이 스스로 자선사업을 운영하는 재단을 따로 설립하면서 은퇴한 옛 스타와 전설 간의 경기를 팬들에게 보여 주는 것이다.

각 팀의 팬들은 추억의 선수와 마주하고자 일반 프로 경기 때와 마찬가지로 아낌없이 돈을 내며, 레전드 선수들은 재능 기부의 일종으로 단 한 푼의 돈도 받지 않는다. 다시 말해 팬들은 은퇴 후 못 볼 줄로만 알았던 전설들의 플레이를 다시 봐서 즐겁고 선수들은 자신의 재능으로 좋은 일에 이바지하면서 보람을 느끼게 되어 일석이조인 셈이다. 우리나라 선수로는 맨체스터 유나이티드에서 오랜 기간 활약한 박지성이 홍보대사로서 레전드 매치에 초청받고 있다.

이 밖의 형태로도 축구를 통해 각종 어려움을 극복해 보자는 취지에서 다양한 형태로 자선경기가 계획되고 있다. 지난 2019년 9월 산불로 큰 피해를 입은 오스트레일리아를 돕고자 2020년 5월 시드니에서 자선경기를 열기로 한 바 있다. 그러나 해당 자선경기가 코로나19 사태로 연기되고, 전 세계가 코로나19 문제로 어려움에 빠지자 국제축구연맹이 나서서 코로나19 퇴치 기금을 모금하기 위한 또 다른 자선경기를 추진하기도 했다.

노숙자들에게 희망을, 홈리스 월드컵

월드컵에서 대한민국 국가대표팀이 총 5승을 거두며 선전했다고 하면 믿을 사람이 있을까? 최대 일곱 경기까지 펼쳐지는 FIFA 월드컵에서 5승을 따내는 것은 최소 준결승까지는 올라갔음을 뜻한다. 그만큼 너무도 어려운 일이지만 다른 월드컵에서 대한민국 국가대표팀이 이처럼 멋진 모습을 보여준 바가 있다. 바로 노숙자들의 월드컵, 홈리스 월드컵(Homeless World Cup)이다.

홈리스 월드컵이란 말 그대로 전 세계의 홈리스가 한자리에 모여 축구로 경쟁하고 화합하는 대회다. 홈리스 월드컵에 나가려면 축구 실력에 앞서 다음 조건을 만족해야 한다. 먼저 집이 없거나 오랫동안 직업을 갖지 못한 사람이어야 한다. 또 만 16세 이상이어야 한다는 점, 한 번 출전하면 다음 대회부터는 선수로 참여할 수 없다는 점 등의 제약이 붙는다.

공을 차는 방식도 보통의 축구와 조금 다르다. 경기는 16×22미터의 작은 인조 잔디 구장에서 치러지며 공이 밖으로 나가는 지점을 표시하는 터치라인이 따로 없어 사방으로 두른 낮은 벽면에 공을 튕겨서 플레이할 수 있다. 참여 인원은 필드플레이어 3명과 골키퍼 1명으로 한 팀에 4명씩 이루어진다. 후보 선수 또한 같은 수만큼 최대 4명을 둔다. 경기 시간은 대폭 줄여 전후반 각각 7분씩 진행된다.

FIFA 월드컵이 4년에 한 번 열리는 것과 달리 홈리스 월드컵은 매년 열린다. 또 FIFA 월드컵은 예선을 거쳐 본선에 진출하는 팀을 24개 팀에서 32개 팀, 이어서 48개 팀으로 점차 늘려 온 데 반해 홈리스 월드컵은 참여하는 팀 수에 따라 매년 총 참가 팀이 달라진다는 부분도 눈길을 끈다. 2003년 오스트리아 그라츠에서 첫 홈리스 월드컵이 열릴 당시에는 18개 팀이 참여했으며 2009년 이탈리아 밀라노 홈리스 월드컵에서는 가장 많은 48개 팀이 모이기도 했다. 현재는 해마다 40~45개 팀이 참여하며 홈리스만의 축제가 열리고 있다.

홈리스 월드컵은 오스트리아의 시민운동가 멜 영과 하랄트 슈미트가 공동 창시자로서 대회 탄생과 발전을 이끌었다. 축구가 지닌 단합과 열정이라는 에너지를 통해 홈리스 문제와 빈곤 문제를 들여다보고 참가자들이 이를 극복할 수 있다는 자신감을 얻어 가도록 하는 것이 홈리스 월드컵의 목적이다.

홈리스 월드컵의 최종 목표는 홈리스가 없는 세상을 만드는 것이다. 실제로 이 대회는 단순히 생애 단 한 번의 기회로 공을 차고 마는 것이 아니라 홈리스들의 삶을 조금씩 바꿔 가고 있다. 참가 선수들 가운데 94퍼센트가 다시금 삶에 동기와 의지를 보이고 새로운 길로 나아가고 있으며 83퍼센트는 가족 및 친구와 다시 만나며 사회적 관계를 되찾았다.

대한민국의 홈리스 월드컵 국가대표 선수들도 마찬가지로 취업에 성공하고 노숙 생활에서 벗어나는 등 하나둘씩 다시 일어서고 있다. 2017년 노르웨이 오슬로 홈리스 월드컵에서 뛴 문영수 선수는 캘리그래피를 배워 전문 작가로 활동 중이며 김기철 선수는 내 카페 차리기를 목표로 바리스타 자격증을 취득했다. 이들은 입을 모아 "홈리스 월드컵을 통해 어떤 목표를 가진다면 더 좋은 삶의 기회가 열릴 것" "꿈이 있다면 포기하지 말고 배우라"라고 강조했다.

대한민국 홈리스 월드컵 국가대표팀은 홈리스의 자립을 돕는 잡지사 빅이슈코리아가 운영을 시작해 2010년부터 매년 선수들과 함께 세계 곳곳을 다녀오고 있다. 대표팀 운영 과정에는 축구 실력을 키우는 훈련뿐만 아니라 참가자를 위한 진로 상담 및 설계 등도 진행하며 제2의 삶을 만들어 갈 방향을 같이 고민한다.

축구, 인종차별에 맞서다

이번에는 다소 어두운 이야기를 하고자 한다. 각계에서 노력하고 있지만 여전히 쉬이 사라지지 않는 문제인 인종차별이 그 주제다. 축구에서도 피부색이 다르다는 이유로 놀리거나 따돌리는 일이 꾸준히 문제시되고 있다.

대한민국 국가대표이자 잉글랜드 프리미어리그의 토트넘 홋스퍼에서 뛰는 손흥민도 인종차별을 여러 차례 겪었다. 2017년 9월 토트넘 대 웨스트햄 유나이티드 경기를 마친 뒤 상대 팀 팬이 손흥민을 향해 "DVD를 구해 줄 수 있느냐"라는 인종차별적인 말을 뱉었다. 영국에서는 아시아 이민자들이 불법 DVD를 판매해 생계를 이어 간다는 그릇된 고정관념이 있기 때문이다.

이는 2020년 7월 토트넘 대 아스널 경기 당시 아스널 팬이 운영하는 유튜브 채널의 해설자가 손흥민이 교체되자 "DVD가 나가고 있다"고 발언해 다시 한번 논란을 불러일으켰다. 결국 문제의 팬은 경기장 무기한 입장 금지 조치를, 해설자는 차별하려는 의도가 아니었다며 사과 영상을 올렸으나 끝내 방송에서 퇴출당했다. 이처럼 인종차별이 계속 벌어지는 이유는 여전히 차별에 대한 인식이 부족한 탓이라고 할 수 있다.

이를 보여 주는 또 다른 행동으로 손가락으로 양 눈매를 잡아당기며 보여 주는 눈 찢기가 있다. 이는 서양인에 비해 눈이 작고 가는 아시아인을 비하하는 대표적인 행동이다. 2017년 수원월드컵 경기장에서 열린 대한민국 대 콜롬비아 경기에서 선수끼리 다툼이 벌어지던 중 콜롬비아의 에드윈 카르도나가 눈 찢기를 보여 논란이 됐다. 일본의 유망주 구보 다케후사 또한 2020년 2월 에스파뇰 대 마요르카 경기 전 몸을 풀던 중 자기 팀의 다니 파스트로 코치가 눈 찢기를 하며 불러들이는 인종차별을 당하기도 했다.

차별하기 위해 눈 찢기를 하는 경우가 많지만 종종 아무것도 모른 채 그저 동양인의 외형을 표현하는 의미로 이런 동작을 취하기도 해 더욱 문제가 되고 있다. 프리미어리그 맨체스터 유나이티드 선수였던 박지성이 밝힌 바에 따르면 팀 동료 카를로스 테베스가 인종차별적인 행위라는 것을 전혀 모르고 박지성을 위해 골 세리머니로 눈 찢기를 하겠다고 말한 적이 있다고 한다. 차별하려는 의

도가 없다고 해도 상대방이 불쾌감을 느낄 법한 행동이라면 해서는 안된다.

인종차별을 일삼는 일부 축구 팬이 가장 많이 하는 행동은 선수를 사람으로 보지 않는다는 것이다. 특히 흑인 선수들을 겨냥해 바나나를 던지거나 원숭이 흉내를 내며 거칠게 비난을 퍼붓는다. 상대 팀 선수의 정신력을 흔들어서 자기 팀에 이득이 되도록 하겠다는 식의 행동인데, 지나친 행위임에도 너무나도 쉽게 반복해서 벌어지고 있다.

이에 대응하는 선수들의 방식도 다양하다. 2014년 4월 스페인 라리가 FC 바르셀로나 소속 다니 아우베스가 비야레알과의 경기에서 코너킥을 차려고 할 때 누군가가 그의 앞에 바나나를 던졌다. 당장 화가 날 상황이었으나 아우베스는 태연하게 바나나를 집어들고는 껍질을 까서 베어 문 뒤 그대로 공을 찼다. 아우베스는 경기 후 인터뷰에서 "바나나 덕분에 힘을 얻어 2개의 크로스를 더 시도할 수 있었고 골로 연결됐다"라며 재치 있는 답변을 남겼고 이어서는 수많은 축구선수가 바나나를 먹는 사진을 SNS에 올리며 그를 응원했다.

인종차별에 분노하며 응수해 화제가 된 사례도 있다. 2013년 1월 AC 밀란과 아우로라 프로 파트리아 1919 간의 친선경기에서 팬들이 케빈프린스 보아텡을 비롯한 흑인 선수를 향해 원숭이 흉내를 내면서 조롱하는 응원가를 계속 불렀다. 이에 보아텡은 화를 참지 않고 경기 중 관중석을 향해 공을 뻥 차버린 뒤 동료들과 함께 경기를 거부하며 축구장에서 나와 버렸다.

경기 후 보아텡은 "과거에는 인종차별을 무시하려 했다. 그러나 그것은 잘못이었다. 맞서 싸우지 않으면 차별은 사라지지 않는다"라고 말했다. 이후 이탈리아 축구협회는 경기 중 인종차별이 벌어질 시 감독관과 심판진이 상의해 경기를 중단하도록 했다. 그의 용감한 행동이 한 나라의 프로축구 리그에 새로운 규정까지 만들도록 한 셈이다.

부끄럽게도 우리나라 축구장에서도 흑인을 향해 인종차별을 보인 적이 있었다. 2019년 3월 K리그2 안산 그리너스 대 대전 하나 시티즌이 맞붙는 경기에서 한 해설위원이 브라질 선수 구스타부 빈치싱쿠가 아쉬워하며 웃는 모습을 보이자 "이만 하얗게 보이네요"라고 말했다. 이 발언은 중계방송 중에 나온 말이어서 고스란히 전국에 퍼져 나가 분노를 일으켰고 이 해설위원은 중계진에서 하차할 수밖에 없었다.

인종차별은 정정당당하게 경쟁하는 스포츠맨십에 맞지 않을뿐더러 세계적인 스포츠 축구의 인기에도 치명적으로 다가올 수 있는 중대한 골칫거리다. 이 때문에 국제축구연맹은 매번 중요한 경기가 열릴 때마다 선수단 및 관계자와 같이 인종차별 반대 캠페인

경기 시작 전 선수들이 'Black Lives Matter 운동'의 일환으로 무릎을 꿇고 있다.

구호 'SAY NO TO RACISM'을 외치는 등 인종차별을 경계하는 목소리를 높이고 있다.

　또 구체적으로 징계 수위를 무겁게 올리며 인종차별에 더욱 엄격하게 대처하겠다고 밝혔다. 예를 들어 인종차별을 저지른 선수는 10경기 출전정지 징계를 받으며 인종차별 행위를 막지 못한 구단은 2000만 원이 넘는 벌금을 내야 한다. 경기 중 인종차별이 발생하는 경우 행할 수 있는 3단계의 대응책도 만들었다. 1단계 경기를 잠시 중단하고 인종차별을 멈추라는 안내방송 내보내기, 2단계 경기를 더 이상 진행하지 않고 뒤로 미루기, 3단계 심판이 몰수패를 선언하며 경기 끝내기 등 단계적으로 대처하게끔 했다.

　2020년 5월에는 미국에서 백인 경찰이 흑인 용의자 조지 플로

이드가 무장하지 않았음에도 무릎으로 목을 누르는 등 과잉 진압해 숨지게 한 사건이 벌어졌다. 이에 전 세계 축구계도 다 같이 분노하고 애도하며 강하게 인종차별을 반대했으며 많은 축구선수가 골을 넣은 후 조지 플로이드를 추모하는 세리머니를 보였다. 그중에서도 잉글랜드 프리미어리그는 리그 차원에서 선수단의 등번호 위 이름을 모두 'BLACK LIVES MATTER(흑인의 목숨은 소중하다)'로 달게 해 경기를 치르기도 했다.

장애인도 축구를 즐길 수 있다

축구선수 하면 무엇이 떠오르는가? 뛰어난 신체 능력으로 공을 자유자재로 가지고 노는 멋진 모습부터 연상되는가? 놀랍게도 축구는 몸이 불편한 사람도 즐길 수 있다.

우리나라에는 대한축구협회와 별도로 운영되는 대한장애인축구협회가 있다. 장애인축구는 크게 네 종목이 있으며 5인제 시각장애인축구, 7인제 뇌성마비장애인축구, 11인제 지적장애인축구와 11인제인 청각장애인축구로 나뉜다. 2019년 기준으로 총 73팀 1194명이 장애인축구 선수로 등록되어 있다.

문화체육관광부가 2020년 4월에 발간한 『2018 체육백서』에 따르면 1만 3039명이 장애인 전문체육 선수로 등록됐다고 한다. 이 가운데 무려 10퍼센트에 가까운 사람들이 장애인축구 선수로 활동하는 것이다.

이 중에서도 시각장애인축구는 가장 널리 알려진 장애인축구 종목이다. 시각장애인축구는 시력의 정도에 따라 전맹부와 약시부로 나뉘며 경기장의 규격이나 경기 규칙은 풋살과 비슷하다. 각 팀은 4명의 필드플레이어와 1명의 골키퍼로 꾸려지며 이 중 골키퍼는 시력이 상대적으로 덜 나쁜 시각장애인 또는 비장애인이 맡아야 한다.

특히 전맹부에서는 굴러갈 때마다 소리가 나는 방울이 공 속에 들어 있어 소리를 따라 공을 주고받으면서 치러진다. 공의 모습을 보고 하는 축구가 아니라 공의 소리를 듣고 하는 축구인 셈이다. 그래서 공이 경기장 밖으로 나가는 일을 막고자 사방으로 담장을 설치해 진행한다. 또 서로 다른 시력 차이를 최소화하고 공정성을 높이기 위해 특수 안대를 쓰고 경기에 나선다. 5명씩 구성된 선수 외에도 3명의 가이드가 선수들에게 공과 골대의 위치 등 정보를 전달하는 역할을 한다. 이런 특성이 있다 보니 전맹부 시각장애인축구에서는 소리를 내서 응원하지 않는 것이 일반적이다.

뇌성마비장애인축구는 FT1, FT2, FT3 등급의 선수만이 출전할 수 있다는 제한이 따른다. 숫자가 낮을수록 장애 정도가 심하다는 뜻인데 각 팀은 반드시 FT1 선수를 최소 1명 이상 출전시켜야하며 FT3 선수는 최대 1명까지만 출전 가능하다는 제한이 붙는다.

이를 충족하기 어려운 경우 참가 선수가 하나 빠진 6명으로 경기를 뛰어야 한다.

뇌성마비장애인축구는 장애인축구 중에서도 규모가 작고 열악한 편에 속해 선수들이 뛸 기회가 많지 않은 상황이다. 그래도 협회가 주최하는 전국뇌성마비장애인축구대회와 기업에서 주최하는 대회 등이 열려 10여 개 팀이 참가해 승부를 겨룬다. 다른 나라와의 교류도 이어져서 국내 대회에 일본 팀들을 초청해 경쟁을 벌인다.

청각장애인축구와 지적장애인축구는 대회에 따라 특별한 규정을 따로 쓰는 것 외에는 기존의 국제축구연맹 규정과 동일하게 펼쳐진다. 각 방향으로 지원과 교류도 활발히 이루어져 발전 가능성이 높은 종목이기도 하다.

특히 청각장애인축구에서 이런 부분이 도드라진다. 2017년 K리그 강원 FC가 강원도청각장애인축구팀을 만나 용품 지원은 물론 특별훈련을 함께 진행한 바 있다. 강원 FC는 축구공과 생수 등 훈련에 필요한 물품을 제공함은 물론 청각장애인축구 선수들에게 슈팅과 기본기 같은 여러 기술을 전수해 주고 같이 연습 경기를 뛰며 실전 감각 다지기를 도왔다.

지적장애인축구도 마찬가지로 매년 전국대회를 통해 서로의 실력을 알아보고 함께 만나는 시간을 가지고 있다. 전국지적장애인축구대회는 일반부와 학생부로 달리 치르는데 2019년 6월에 치러진 대회에서는 12개 팀이 참가했다. 여성도 마찬가지로 지적장애인축구를 즐기고 있다. 지난 2018년에는 의령 꽃미녀 FC가 국가대표팀으로 선발되어 2018 시카고 유니파이드컵 3위라는 높은 성적을 거두기도 했다.

새 역사를 쓰고 있는 여자축구

프로축구 리그와 함께 세계대회까지 여자축구의 규모가 나날이 커지고 있다. 여자축구의 역사는 100여 년 전부터 시작됐다. 초창기 여자축구는 1920년대 영국에서 찾아볼 수 있다. 영국 공영방송 BBC가 전한 '여자축구의 숨겨진 역사'라는 기사에 따르면 제1차 세계대전 시기에 여자축구가 급성장했다고 한다. 전쟁터로 나간 남자들을 대신해 여자들이 공장으로 갔고 일이 끝난 뒤에는 축구의 재미를 알아 간 것이다.

1920년대 초 잉글랜드 내 여자축구단의 수는 150여 곳에 달했다. 1920년 12월에 열린 딕 커스 레이디스 대 세인트 헬렌스 레이디스의 경기에서는 약 5만 3000명에 달하는 관중이 구름처럼 모여 열기를 더하기도 했다.

그러나 1921년 12월 5일 잉글랜드 축구협회는 여자축구 금지령을 내리고 만다. 이유는 매우 간단했다. '축구는 여자에게 어울리지 않는 스포츠'라는 까닭에서였다. 중세에 축구 금지령이 내려질 때는 뚜렷한 규칙이 없어 과격하게 벌어지는 탓에 위험했기 때문이었다고 해도, 이 시기의 금지령은 그저 여자는 축구를 해서는 안 된다는 차별의 뜻이 담긴 조치였다고밖에 볼 수 없었다.

여자축구 금지령은 이후 50년이 지난 1971년 7월이 되어서야 해제됐다. 1969년 잉글랜드에서 여자축구협회가 창설된 후 끊임없이 목소리를 높인 끝에 얻어 낸 결과였다. 이렇듯 반세기나 지속된 금지령이 남자축구에 비해 여자축구를 뒤처지게 만들었다고 보는 의견도 많다. 더 시간이 흘러 축구협회는 금지령을 시행한지 87년 후인 2008년에 여자축구를 금지한 것을 사과한다고 밝혔다.

우리나라 여자축구의 역사 또한 생각보다 짧지 않다. 우리나라에서 여자축구를 공식적으로 처음 선보인 것은 1949년 전국여자체육대회였다. 무학여중, 중앙여중, 명성여중, 서울여중 4개 팀이 출전해 무학여중이 우승을 거둔 이 대회에는 몇 가지 남다른 규칙이 있었다. 경기 시간이 전후반 45분이 아니라 30분씩 치러졌으며 가슴으로 날아오는 공은 손으로 막을 수 있게 허용했다.

대회를 개최하기 전 곳곳에서 이를 반대하는 목소리가 높았다. 당시 무학여중 감독이었던 김화집의 말에 따르면 "학교는 별 반대

남자축구 못지않게 여자축구도 팬들의 큰 관심을 받고 있다.

가 없었으나 학부모의 이해를 구하는 것이 문제였다. 한 아버지는 '시아버지 밥상을 발로 차 버리게 할 것이냐'는 극단론까지 펼치며 반대했다. 하지만 다행히도 학생들이 즐겁게 공을 차는 모습을 보자 학부모들이 축구 예찬론자로 바뀌었다"라고 전했다.

1991년 사상 첫 FIFA 여자 월드컵이 열리면서 여자축구도 전 세계가 즐기는 스포츠가 되었다. 2001년에는 유럽 여자축구도 남자축구처럼 각국 프로리그에서 우수한 성적을 거둔 팀들이 모여 토너먼트 경기를 펼치는 여자 챔피언스리그를 출범시켜 매해 결승전마다 2만 명에 가까운 팬을 불러 모으고 있다.

2019년 프랑스에서 펼쳐진 여자축구 월드컵에서는 각 대륙의 여자축구 국가 대항전에서 높은 성적을 거둔 24개 대표팀이 모여 대회를 치렀다. 여자축구 월드컵 또한 남자축구 월드컵과 마찬가지로 조금씩 대회 규모를 불려 가면서 오스트레일리아와 뉴질랜드가 공동 개최하는 2023년 월드컵부터는 총 32개 팀이 본선 출전 기회를 얻을 수 있게 되었다.

우리나라에서는 1949년 이후 여자축구가 사실상 자취를 감춘 뒤 40여 년이 지나서야 작은 부활의 날개를 폈다. 1990년 베이징 아시안게임에서 여자축구가 정식종목으로 채택된 이후 처음으로 여자축구 국가대표팀이 결성됐다. 첫 국가대표팀은 아시안게임에 출전하고자 급하게 만들어진 형태였다. 축구를 제대로 해 본 적 없이 다른 운동을 해 오던 선수들이 합류해 수를 채웠다. 결국 첫 상대인 일본을 만난 결과는 1:13이라는 대패였다.

그러나 현실적인 지원이 부족하다는 이유 등으로 더딘 성장세 속에서도 크고 작은 성과를 보이면서 우리나라 여자축구는 자존심을 지켜 나가고 있다. 2010년에는 여자 U-20 월드컵 3위와 여자 U-17 월드컵 우승이라는 겹경사를 맞이했다. 특히 U-17 월드컵 우승은 우리나라가 처음으로 이룬 국제축구연맹 주관 대회 우승이었다. 성인 대표팀 역시 2015년과 2019년 2회 연속으로 여자 월드컵 본선에 진출하며 희망을 잇는 중이다.

국가대표팀 외에도 'WK리그'라는 이름의 국내 리그가 존재해

© 강지열

2019 WK리그 우승팀이 된 인천 현대제철 레드엔젤스.

매년 8개 팀이 승부를 겨루고 있다. 인천 현대제철 레드엔젤스라는
전통 강호에 맞서 수원FC 여자축구단, 경주 한국수력원자력 여자
축구단 등이 대항하는 구도로 치러진다. 현 여자축구 국가대표팀
스타플레이어는 물론 앞으로 발전 가능성이 기대되는 새 얼굴도
곧잘 찾아볼 수 있어 충분히 재미나게 즐길 만하다.

축구로 세계 평화를 꿈꾼다고?

평화는 작게는 종족이나 나라 등 인간이 이루는 집단이 서로 싸우며 부딪히지 않는 상태를 뜻하며 크게는 근심이나 고통이 없이 평온하고 화목하며 모든 부분이 안녕함을 의미한다. 축구도 평화를 가꿔 나가는 데에 일부 역할을 도맡고 있다. 공을 차고 노는 놀이가 어떻게 평화를 가져다줄 수 있을까?

가장 유명한 사례를 살펴보고자 1914년 유럽으로 건너가 보자. 제1차 세계대전이 벌어진 지 5개월쯤 지났을 때 유럽 서부 전선에서는 독일군과 영국군이 지금의 벨기에 영토에서 참호를 파고 몸을 숨긴 채 서로를 경계하고 있었다. 겨우 90미터 남짓 떨어진 거리다 보니 큰 소리를 내면 무슨 말을 하는지 알아들을 수 있을 정도였는데 대치가 길어지자 서로를 향한 호기심이 들기 시작했다.

크리스마스이브가 되자 양쪽 모두 총격을 멈추고 조용해졌으며 독일군 쪽에서 병사들이 캐럴을 부르니까 영국군 진지에서도 차츰 노랫소리가 흘러나오기 시작했다. 급기야 두 참호에서 병사들이 바깥으로 모습을 드러냈으며 누가 누구를 총으로 쏘는 일은 벌어지지 않았다. 마음이 통한 나머지 휴전이 성사된 것이다. 이 크리스마스 휴전을 더욱 빛나게 한 것이 축구였다. 독일군과 영국군은 각자 받은 크리스마스 선물을 교환했고 축구 경기도 펼쳤다. 심판은 목사와 신부가 맡았다.

한 장교의 회고에 따르면 "그것은 전쟁은 아니었다. 하지만 전쟁만큼 중대했다"라고 할 만큼 축구에서 오는 승부욕과 긴장감은 여

1914년 크리스마스 휴전으로 무인 지대에서 만난 영국군과 독일군.

전했다. 제1차 세계대전에 참전한 영국 작가 로버트 그레이브스가 쓴 자서전에는 "독일은 우리를 3:2로 꺾었으나 심판인 신부님의 자비 덕분이었다. 그들이 마지막으로 넣은 골은 분명히 오프사이드였지만 골로 인정됐다"라고 적으며 심판 판정에 대한 불만을 뒤늦게나마 풀었다. 1915년 1월 영국 신문 가디언은 "크리스마스 이후 군인들이 집으로 보내는 편지가 급증했다. 억울한 패배는 인간의 영혼을 자극했으며 영국군 모두는 절망했다"라고 보도하기도 했다.

그러나 휴전은 휴전일 뿐이었다. 크리스마스 연휴가 지난 뒤로 영국군과 독일군은 각자의 참호로 돌아가 서로에게 총구를 겨누며 치열하게 싸웠다. 참전 용사 출신 영국 작가 크리스 베이커는 "휴전은 어느 것도 바꿔 주지 않았다. 오히려 휴전 이후 더 많은 사상자가 발생했다"라고 돌아봤다. "단, 휴전은 사람들이 전쟁 중에도 이처럼 행동할 수가 있다는 희망을 보여 준 것"이라 덧붙이기도 했다.

이 크리스마스 휴전 이야기는 연극이나 영화 및 노래로도 만들어졌으며 2014년에는 크리스마스 휴전 100주년을 기념하고 재현하는 축구 경기가 열리기도 했다. 양쪽 주장들이 세계대전 당시의 전투복을 입고 참여했으며 이날 입장권 판매 수익은 군 자선단체에 전달됐다.

축구가 전 세계에서 가장 인기가 많으면서 천문학적인 돈을 벌어들이는 스포츠인 만큼 축구계 다양한 곳에서 이 수익을 세계 평화를 위해 쓰고자 돌려주고 있다. 앞서 설명한 바 있는 자선경기와 마찬가지로 말이다.

주요한 예시 중 하나로 스페인 라리가의 FC 바르셀로나가 손꼽힌다. 바르셀로나는 '클럽 이상의 클럽'을 모토로 삼으면서 1899년 창단한 이래 2006년까지 106년간 유니폼에 어떤 기업의 광고도 붙이지 않았다. 외부의 도움 없이 스스로 갈 길을 가겠다는 자존심을 표현하는 셈이었다. 그러다가 2006-07 시즌에 이 전통이 깨지고 말았다. 하지만 이상한 점이 있었다. 바르셀로나는 해당 로고를 붙여서 광고비를 받기는커녕 기부금을 내기로 한 것이다. 빨간색과 파란색 줄무늬 유니폼에 붙은 로고의 정체는 국제연합아동기금 유니세프(UNICEF)였다.

유니세프는 '차별 없는 구호' 정신을 바탕으로 필요한 곳이라면 어디든 찾아가 그곳의 어린이를 돕는 국제연합(UN)의 상설 보조 기관이다. 바르셀로나는 유니폼 판매 수익을 비롯한 구단 수입의 0.7퍼센트를 지원하는 조건으로 유니세프와 계약을 맺었다. 작은 비율 같아도 매년 약 24억 원에 이르는 금액이다. 유니세프를 스폰서로 노출함으로써 클럽의 가치를 높이고 유니폼 판매 수익을 끌어올려 좋은 일에도 더 많이 활용하는 똑똑하고 따뜻한 계약인 셈이다. 현재는 가슴에 거액의 상업 광고를 붙이고 유니세프는 등판 아래로 밀려났지만 여전히 둘의 동행은 계속되고 있다.

유니세프와 비슷하게 세이브더칠드런 또한 이탈리아 세리에A의 ACF 피오렌티나, 스페인 라리가의 아틀레티코 마드리드, 스코틀랜드 스코티시 프리미어십의 하트 오브 미들로시언 등의 유니폼에 로고를 달고 축구와 함께 어린이를 위한 구호 활동을 이어나가고 있다. 어린이들에게 축구를 가르쳐 주며 희망을 선물하는 일 외에도 더 안전하고 건강한 삶을 유지할 수 있도록 돕는 중이다.

세계적인 축구 스타 개개인도 세계의 빈곤과 평화 문제에 관심이 많아 스스로 재단을 만들어 사회에 공헌하는 경우가 많다. 잉글랜드 프리미어리그의 맨체스터 유나이티드와 대한민국 국가대표팀에서 활약한 박지성 또한 선수 생활을 마무리하면서 JS 파운데

유니세프 로고가 붙은 FC 바르셀로나 유니폼(왼쪽)과 세이브더칠드런 로고가 붙은 아틀레티코 마드리드 유니폼(오른쪽).

이션을 직접 설립했다. 이 재단은 "축구라는 키워드를 통해 남과 북 그리고 아시아, 나아가 세계 평화와 전 세계인의 행복에 이바지하고자 한다"는 취지를 여러 방면으로 실천하고 있다.

이탈리아 축구의 전설 로베르토 바조는 은퇴 후 자선 활동가로서 아이티 지진 피해를 돕고 유엔식량농업기구 대사로 활동하는 등 도움이 필요한 여러 곳에서 활약한 바 있다. 2010년에는 노벨평화상 수상자들이 주는 '노벨 평화 최고상(The World Peace Award)'을 수상하기도 했는데 이에 "이 상은 월드컵 골든볼보다 더 값진 상"이라며 감사를 표했다.

3장

축구는
전쟁이다

축구에는 오직 단 하나의 승자밖에 없다.
2등은 꼴찌 중에 1등일 뿐이다.

-조제 모리뉴

축구 팬들은 왜 서로 싸울까?

같은 스포츠여도 종목마다 보이는 풍경은 다를 수 있다. 골프나 테니스처럼 조용히 지켜보다가 멋진 플레이가 나왔을 때 박수로 축하해 주는 경기가 있는가 하면, 야구나 농구처럼 치어리더의 응원을 따라 하면서 끊임없이 노래하고 환호하는 경기도 있다.

다른 스포츠와 비교했을 때 축구장 관중석에서 펼쳐지는 응원은 독특하다. 편안히 앉아서 보려는 팬들도 중요한 장면마다 어깨와 엉덩이를 들썩이면서 어쩔 줄을 모른다. 적극적으로 반응하고 응원하는 팬들은 구단이나 다른 누군가가 시키지도 않았는데 구단을 상징하는 색으로 옷을 맞춰 입고, 깃발이나 현수막을 들고 함께 뛰며 입을 맞춰 노래한다.

축구가 사냥 또는 전쟁과 닮았다고 했듯이 축구장에서 응원은 종교의식과 비슷하게 펼쳐진다. 경건하게 박자를 맞춰 북을 치고 장엄하게 커다란 깃발을 펄럭이면서 팀을 찬양하는 노래를 입 모아 합창한다. 그들 앞에 걸어 놓은 현수막에는 선수들이 뛰면서도 볼 수 있게끔 의지를 고취하는 문장을 큰 글씨로 써 놓는다. 선수들은 그 응원에 힘입어 최선을 다하고 관중도 무엇인가에 홀린 듯 응원을 쉬거나 멈추기는커녕 90분 내내 자리에서 일어나 방방 뛰면서 목소리를 더욱 키운다. 마치 서로가 주술에라도 걸린 듯 말이다.

'축구는 전쟁이다'라는 말은 괜히 나온 문장이 아니다. 말 그대로 축구는 지역과 지역, 나라와 나라 간의 대리전 양상으로도 이어져 왔다. 경기에 참여한 선수들만큼 팬들도 경기 과정과 결과에 몰입하고 흥분한다. 선수들이 이기면 곧 응원하는 우리가 이긴 것이

팬들도 선수 못지않게 경기에 감정이입을 한다.

요, 선수들이 지면 곧 내가 진 것과 마찬가지다. 그래서 주말마다 경기가 열리면 이긴 날은 이후 일주일 내내 싱글벙글 보낼 수 있으나 지고 난 뒤에는 다음 경기 날이 오기 전까지 종일 무기력한 패배감에 빠진다.

축구로 크게 느낄 수 있는 것 중 하나가 카타르시스다. 억눌린 감정이나 욕구 등이 해소되어 마음의 안정감을 느끼는 것은 축구의 원시성과 맞물려 강하게 도드라진다. 고대 그리스 철학자 아리스토텔레스가 말한 카타르시스는 미적 체험을 통한 공감으로 내면에 억압된 응어리를 해소하고 마음을 정화하는 것을 뜻한다. 팬들은 축구를 보는 체험 속에서 마치 응원하는 팀과 같은 상황에 놓인 듯 깊은 공감과 감정이입으로 카타르시스를 느낄 수 있다.

내 팀은 반드시 승리해야만 하며 패배는 받아들이기 어렵기에 응원은 더 절실해진다. 연극이나 영화는 감독의 의도에 따라 이야기가 진행되지만 축구에서는 팀이 바라는 결과를 얻기 위해서는 상대 팀을 꺾어야 한다. 아무리 강팀이라도 늘 승리할 순 없기에 어떤 날은 최상의 하루더라도 어떤 날은 최악의 하루를 받아들이는 등 오락가락할 수밖에 없다. 그런 이유 때문인지 응원할 팀을 정해 축구를 즐기다 보면 내가 원하는 기쁨을 방해하는 상대 팀 선수, 나아가서는 상대 팀 팬에게까지 미운 감정이 생길 수 있다. 그것이 잘못 표출됐을 때 사소한 다툼으로까지 이어지고 마는 것이다.

최초의 서포터스는 크로아티아 프로축구단 하이두크 스플리트를 지지하는 모임 '토르시다(Torcida, 포르투갈어로 횃불이라는 뜻)'로 알려져 있다. 이들은 1950년 브라질 월드컵에서 서포터스의 영감을 얻었다고 한다. 당시 유고슬라비아 대표팀을 응원하고자 장거리 원정 응원을 떠난 이들은 남미 축구 팬들의 열광적인 응원을 두고두고 잊지 못한 나머지 자신들이 응원하는 팀의 홈구장에서도 그런 분위기를 만들어 보기로 하고 실천에 옮겼다.

이들은 관중석에서 횃불을 밝히며 목청껏 팀을 응원하고 승리한 후에도 거리를 함께 행진하며 기쁨을 나눴다. 이렇듯 자발적이고 조직적인 서포터스 문화는 20년 후 이탈리아로 건너가 울트라스(Ultras)라는 이름의 형태로 발전해 대형 현수막과 깃발 같은 시각 효과 등이 추가되며 지금에 이르고 있다.

축구에서 서포터스는 흔히 열두 번째 선수라는 별명으로도 불린다. 11명의 선수 외에 관중석에서 선수들과 같이 뛰면서 기뻐하고 아쉬워하는 등 한 몸으로 움직이기 때문이다. 아르헨티나 프로축구단 보카 주니어스의 서포터스는 이름부터 열두 번째 선수를 뜻하는 '라 누메로 도세(La número doce)'이며, 홈구장 라 봄보네라의 골대 뒤 관중석 한가운데에 숫자 12가 그려져 있기도 하다. 이렇듯 의미 있는 번호다 보니 12번을 팬을 위한 등번호로 영구결번을 한 구단이 많다.

문제는 자기 팀을 향한 사랑에 지나치게 흠뻑 빠져든 나머지 상대 팀을 지독하게 싫어하는 경우가 발생한다는 것이다. 심지어 상대 선수나 팬에게 폭력을 가하는 경우도 벌어지고 있다. 또 팀이 이기든 지든 상관없이 싸우기 위해 축구장에 가는 사람들도 더러 있는 것이 사실이다. 졌을 때는 이긴 상대한테 화풀이를 목적으로 싸우고, 이겼을 때는 지고서 떠나려는 상대를 비웃고 욕하면서 싸우는 식이다. 이런 사람들을 '훌리건(Hooligan)'이라 부른다. 영국 하층민 남성을 중심으로 각 구단의 팬들 사이에서 생겨난 훌리건은 1970년대와 1980년대에 가장 악명을 떨쳤으며 지금도 일부 큰 경기나 대회가 열릴 때면 늘 그곳을 긴장 상태로 빠뜨린다.

서포터스가 조명탄을 피우며 열렬히 응원하고 있다.

덧붙여 인터넷이 전 세계에 보급되고부터는 오프라인이 아닌 온라인 속 축구 커뮤니티 사이트 또는 SNS에서 서로를 비난하며 싸우는 경우도 잦아지고 있다. 이들은 자신의 이름과 얼굴이 드러나지 않는다는 익명성을 방패로 삼아 상대 선수나 팬을 향해 배려 없는 공격과 조롱을 댓글 및 채팅으로 퍼붓기를 즐긴다. 그저 재미로 하는 몇 마디라도 상대에게는 큰 상처가 될 수 있으므로 논리적인 비판을 넘어서는 근거 없는 비난과 놀림은 자제할 필요가 있다. 물론 현실에서의 싸움은 더욱 안 된다. 경쟁은 축구장 안에서의 90분만으로 충분하다.

이 마을의 주인은 우리

축구팀을 응원하는 팬들이 자주 쓰는 말로 '이곳의 주인은 우리'라는 말이 있다. 이를테면 "맨체스터의 주인은 우리!" 하며 선언하는 식이다. 같은 연고지를 가진 팀 중에 도시를 대표하는 팀은 자신이라는 자긍심을 드러내는 표현 중 하나다.

라이벌전은 각종 스포츠 종목에서 꼭 형성된다. 그중에서도 축구에는 '더비 매치'라는 독특한 이름으로 부르는 라이벌전이 있다. 더비라는 말의 기원 역시 다양하다. 널리 알려진 설로는 19세기 중엽 영국의 도시 더비에서 같은 동네에 있는 두 축구 팀 성 베드로와 올 세인트가 치열하게 맞붙었다는 데서 유래했다고 한다.

근대 축구의 역사가 150여 년이 넘은 만큼 전 세계에 역사와 전통을 자랑하는 다양한 더비 매치가 있다. 경기 날이면 조용하던 도

더비 매치가 치러지는 날이면 관중들은 더욱더 격렬히 응원한다.

시가 순식간에 반으로 갈라져 잔뜩 날이 선 채로 대립한다. 서로 죽고 못 살 만큼 으르렁대기도 하고 어려울 때는 서로 돕는 모습도 보이는 등 도시나 지역마다 더비가 펼쳐지는 풍경도 가지각색이다. 같은 도시를 터전으로 삼아 이웃하는 더비 매치 가운데 가장 잘 알려지고 제일 치열하다는 대진을 꼽아 봤다.

로마 더비

이탈리아어로 데르비 델라 카피탈레(Derby della Capitale), 즉 수도 더비로 일컬어지는 SS 라치오와 AS 로마의 더비 매치다. 두 팀은 이탈리아 세리에A의 주요 구단인 유벤투스 FC, 인테르나치오날레 밀라노, AC 밀란보다 우승 횟수는 뒤지지만 더비 라이벌로서 치열함은 비교되지 않게 격렬하다.

AS 로마는 20세기 초, 리그에서 강세를 보이는 북부 클럽을 이기기 위해 남부 클럽이 하나로 뭉쳐야 한다는 생각으로 로마 연고의 알바, 포르티투도, 로만 세 팀이 합쳐져 만들어진 연합 팀에서 시작됐다. 이 배경에는 당시 총리 베니토 무솔리니가 쿠데타에 성공하고 정권을 잡으면서 자신의 정치적 기반인 남부 이탈리아를 단결시키고자 한 부분도 있었다.

이때 라치오는 통합을 거부했고 자신들보다 뒤늦게 창단한 팀이 '로마'라는 이름을 달고 로마를 대표하려는 것에 못마땅함을 느꼈다. 새 구단이 문을 여는 과정에서 이미 감정이 상할 대로 상한 셈이다. 이후 팬 구성원이 노동자 성향인 AS 로마와 달리 라치오는 중산층 팬이 많아 계층 갈등마저 맞물리는 바람에 더비 날은 그야말로 전쟁을 방불케 한다.

얼마나 살벌한지 경기 전 양 서포터스가 가져온 가방을 검사했더니 칼과 도끼는 물론 사제폭탄까지 들어 있었다는 일화가 있다. 폭력 사태가 하루 이틀 일이 아니다 보니 사상자 또한 잇따랐다. 1989년에는 서포터스 간 충돌을 방지하고자 총리 줄리오 안드레오티가 직접 경기 전에 주의를 당부하기도 했다.

베오그라드 더비

동유럽 세르비아의 수도 베오그라드에서 FK 츠르베나 즈베즈다와 FK 파르티잔 두 팀이 맞붙는 더비 매치가 있다. 유고슬라비아 시절은 물론이고 현재 세르비아로 분리된 상태에서도 거의 두 팀만이 리그 우승컵을 나눠 가지면서 세르비아 프로축구를 양분하고 있다.

제2차 세계대전 전후로 유고슬라비아 독재 정권 아래에서 공산당은 '레드스타 베오그라드'라는 영어 이름으로 더 유명한 즈베즈다를, 인민군은 파르티잔을 창설해 차츰 라이벌 의식을 키워갔다.

어느 팀이나 그렇듯 처음부터 두 구단이 라이벌 관계는 아니었다. 그러나 격동의 현대사를 지나 지금에 이르러서는 영원한 더비이자 앙숙이라 할 만치 악감정을 가득 쌓았다. 그 배경 중 하나로 즈베즈다를 응원하는 극우 민족주의자이자 인종주의자 젤리코 라즈나토비치가 있다. '아르칸'이라는 별명으로 널리 알려진 그는 즈베즈다 서포터스를 조직적인 훌리건이자 준군사 조직으로 정비하고 자신이 두목이 돼 축구장 내외를 가리지 않고 악행을 일삼았다. 그 가운데 유고슬라비아 연방이 분열되려는 상황 속에서 파르티잔은 분열을 원치 않은 반면 즈베즈다는 세르비아의 순수성을 부르짖으며 극렬히 대립했다.

둘 사이의 갈등은 1999년 파르티잔 팬들이 터뜨린 폭죽에 즈베즈다 소년 팬이 맞아 사망한 사건을 계기로 최고조에 다다랐다. 2000년대 초반까지만 해도 두 팀의 극성팬들 간에는 패싸움을 넘어서 총격전이 벌어졌을 정도다. 2013년 더비에서는 파르티잔이 1:0으로 승리하자 격분한 즈베즈다 팬들이 좌석에 불을 지르고 싸움을 벌여 92명이 체포됐다. 2017년에는 즈베즈다 응원석으로 파르티잔 팬이 숨어 들어갔다가 폭력을 행사하며 경기를 중단시키는 일도 벌어졌다.

엘 수페르클라시코

부에노스아이레스를 연고로 하는 여러 팀 중 리버 플레이트와 보카 주니어스 사이의 더비 매치를 말한다. 같은 도시에 있으면서 늘 우승을 다투는 두 팀이어서 2023년까지 1부 리그 우승만 리버 플레이트가 38회로 1위, 보카 주니어스가 35회로 2위를 차지할 만큼 뜨겁게 싸우고 있다.

보카 주니어스는 유럽 전역에서 이주해 온 노동자 계층이 모인 보카 지역을, 리버 플레이트는 스페인의 식민지 시절 정착한 중산층과 부유층이 사는 누녜스 지역을 거점으로 삼고 있다. 뿌리 깊은 빈부격차가 만들어 낸 이곳의 지역감정은 상상 이상으로 심각해 크고 작은 싸움이 지속해서 벌어지기로 유명하다.

두 팀이 충돌하는 사태는 남미 최고의 축구단을 가리는 대회 코파 리베르타도레스에서 더 심하게 일어났다. 2015년 두 팀은 16강 2차전에 위해 보카 주니어스 홈구장에서 만났다. 이때 보카 주니어스 팬들은 하프타임 뒤 후반전을 치르고자 입장하는 리버 플레이트 선수들에게 최루 스프레이를 뿌리는 사건을 일으켰다. 그 결과 경기는 그대로 중단됐으며 보카 주니어스는 몰수패를 당해야 했다.

이후 2018년에는 무려 결승전에서 만나며 아르헨티나뿐만 아니라 남미 전역을 긴장시켰다. 아니나 다를까 이번에는 리버 플레이트 팬들이 자기네 경기장 엘 모누멘탈로 원정을 오는 보카 주니어스 선수단 버스에 돌을 던지며 습격해 부상을 입히기까지 했다. 남미축구연맹은 고심 끝에 아르헨티나도 남아메리카도 아닌 제삼의 대륙 유럽으로 옮겨 가 남은 경기를 치르기로 했는데 그곳은 스페인 레알 마드리드의 홈구장 산티아고 베르나베우였다. 이곳에서 리버 플레이트는 연장 접전 끝에 보카 주니어스를 3:1로 꺾었고 통합 스코어 5:3으로 기어이 우승을 차지했다.

수원 더비

수원 삼성 블루윙즈 대 수원 FC의 더비 매치다. 우리나라 K리그는 적은 수의 팀들이 각자 다른 도시에 뿔뿔이 흩어져 있어서 앞서 언급한 같은 도시에서의 더비 매치가 한동안은 나오지 못했다. 그러나 2003년 창단한 수원시청 축구단이 2013년 프로화를 선언하며 K리그 2부로 올라왔고 2015년 승격에 성공했다. 덕분에 K리그 1부에서 수원 삼성과 맞붙는 수원 더비가 드디어 성사됐다.

2016 시즌 상대 전적은 수원 삼성이 수원 FC에 3승 1패로 앞서며 마무리됐고 수원 FC는 그해 최하위를 기록해 강등당하면서 수원 더비는 다시금 훗날을 기약해야 했다. 하지만 5년여가 지나 2020년 수원 FC가 재차 승격해 수원 더비를 다시 만날 수 있게 됐다. 2021년 수원 FC의 홈구장 수원종합운동장에서 열린 수원 더비 도중 원정 팬의 응원이 금지된 곳에서 누군가가 수원 삼성을 의미하는 깃발을 흔들다 적발되는 일이 발생해 논란이 일기도 했다.

지역 문제, 축구로 해결한다

　축구에서 라이벌전 하면 같은 도시 간의 더비 매치가 먼저 떠오른다. 그러나 거리가 어느 정도 떨어진 지역끼리 크고 작게 부딪힌 역사가 쌓여 라이벌전으로 발전한 사례도 있다. 그 치열함과 첨예함은 더비 매치 못지않아 넓게는 이런 형태의 라이벌전 역시 더비 매치라 부르기도 한다.

　범위를 넓혀 지역뿐만 아니라 국가 간에도 치열한 경기가 펼쳐지곤 한다. 특히 전쟁이나 식민 지배 등의 분쟁을 겪은 국가 간의 경기는 라이벌전으로 연결되는 경우가 많다. 가까운 사례로 한일전을 들 수 있다. 다른 나라로는 제2차 세계대전으로 엮인 독일 대 네덜란드, 포클랜드 전쟁으로 사이가 나빠진 잉글랜드 대 아르헨티나, 유고슬라비아 내전으로 앙숙이 된 세르비아 대 크로아티아

등이 그렇다.

라이벌 사이의 갈등 양상은 단순히 누가 축구를 더 잘하는지를 두고 다투는 선의의 경쟁일 수도 있다. 하지만 국가 간의 예시처럼 더 깊이 살펴보면 역사와 민족에 관한 문제가 응어리져 돌이키기 어려운 문제로 치달아서 라이벌전으로 발전한 경우가 더 많다. 전쟁처럼 치열한 경기로 축구를 통해 자존심 대결을 선보이는 더비 매치는 무엇이 있는지 살펴보자.

엘 클라시코

우리말로 전통 혹은 고전이라는 뜻의 이 라이벌전은 레알 마드리드와 FC 바르셀로나가 근현대사와 함께 다퉈 온 싸움이다. 스페인 라리가를 주름잡는 두 팀의 만남이어서 엘 클라시코는 언제나 리그 우승 방향을 정하는 매우 중요한 경기로 일컬어진다.

게다가 스페인 중심지 카스티야를 대표하는 레알 마드리드와 스페인에서 독립하기를 꿈꾸면서 단결하는 카탈루냐의 자존심 바르셀로나가 맞붙는 경기이기에 단순한 축구 경기 이상의 지역감정과 민족 간의 갈등이 함께 뒤섞이고는 한다. 엘 클라시코가 열릴 때 레알 마드리드의 홈구장에서는 스페인 국기를, 바르셀로나의 홈구장에서는 카탈루냐 깃발이 휘날리는 모습을 심심찮게 볼 수 있다.

2017년에는 카탈루냐가 독립을 선언하면서 전 바르셀로나 선수

카탈루냐 독립을 지지하는 사람들이 거리에서 시위하고 있다.

이자 감독인 펩 과르디올라가 독립 선언문을 낭송했고, 분리를 위해 주민 투표까지 치렀다. 이에 스페인 정부는 카탈루냐에 강하게 반발하며 독립의 움직임을 막아섰다. 만일 독립이 성공했다면 아주 희박한 기회가 아니고서는 엘 클라시코가 다시 열리지 못했을지도 모른다.

예전과 비교해서 두 팀에 각기 소속된 스페인 국가대표팀 선수 간의 사이가 좋아졌다고 해도 오랜 역사와 함께한 감정싸움과 라이벌 의식은 여전히 가라앉지 않았다. 바르셀로나와 스페인 국가 대표팀에서 활약한 수비수 제라르 피케는 인터뷰 중 이따금 레알 마드리드를 저격하는 말을 남기는 것으로 유명하다. 또 카탈루냐 독립운동 당시에는 지지 의사와 함께 투표 인증을 해서 스페인 팬들에게 비난을 받았다. 피케는 "나는 카탈루냐 사람이다. 축구협회가 내 행동이 문제라고 말하면 스페인 대표팀에서 나가겠다"라고 밝히며 소신을 꺾지 않았다.

노스웨스트 더비

맨체스터 유나이티드와 리버풀 FC가 맞붙는 말 그대로 앙숙끼리의 만남을 노스웨스트(북서부) 더비라 칭한다. 맨체스터 유나이티드는 같은 도시를 연고로 하는 맨체스터 시티와의 맨체스터 더비가, 리버풀 역시 에버턴 FC와의 머지사이드 더비가 있지만 치열한 불꽃이 튀는 경기는 붉은 유니폼을 입는 두 팀 간의 맞대결이 제일이다.

리버풀과 맨체스터 두 도시 모두 산업혁명 시대에 빠르게 성장했다. 리버풀은 전 세계에서 물자를 받는 항구도시였고, 맨체스터는 항구에서 받은 물자로 제품을 만드는 산업도시였다. 그러나 1893년 바다와 맨체스터를 곧바로 연결하는 맨체스터 운하가 완공되면서 리버풀의 경제가 흔들리기 시작했다. 맨체스터가 리버풀을 거치지 않고 직접 물자를 받으면서 리버풀항에서 거둬들이던 수입이 뚝 떨어진 것이다. 여기서 맨체스터를 향한 리버풀 시민들의 분노가 싹이 텄고 그것이 고스란히 축구로 옮겨 졌다.

노스웨스트 더비는 거친 플레이로 인해 반칙이나 퇴장이 자주 나온다.

게다가 맨체스터 유나이티드와 리버풀은 각각 프리미어리그 통산 우승 횟수 1, 2위를 다투는 팀이기도 하다. 알렉스 퍼거슨 전 맨체스터 유나이티드 감독은 "내 목표는 리버풀을 빌어먹을 정상의 자리에서 끌어내리는 것"이라 말하며 당시 18회 우승에 머물던 리버풀을 제치고 2012-13 시즌 통산 스무 번째 우승을 달성해 목표를 현실로 이뤘다.

그러나 퍼거슨 감독의 은퇴 후 우승을 추가하지 못하며 주춤하는 사이 리버풀이 2019-20 시즌 프리미어리그에서 우승해 맨체스터 유나이티드를 트로피 하나 차이로 추격했다. 이때 리버풀의 우승은 1992년 프리미어리그 출범 이래 거둔 첫 우승이자 1989-90 시즌 이후 무려 30년 만에 일군 리그 우승이었다.

유벤투스 대 나폴리

다른 더비 매치나 라이벌전처럼 특별한 이름이 붙어 있지는 않으나 유벤투스 FC 대 SSC 나폴리는 1900년대에 터져 나온 이탈리아 북부와 남부 간의 지역감정을 설명하기에 좋은 대결 구도다. 요약하자면 북쪽 부유한 구단 대 남쪽 가난한 구단의 자존심 싸움과도 같다.

이탈리아 북부는 자동차 및 기계 공업이 집중적으로 발달한 반면에 남부는 발전이 더디거나 여전히 농업 위주인 경우가 많았다. 그 탓에 나폴리 등 남부가 고향인 많은 사람이 일자리를 찾아 유벤투스의 연고지 토리노를 중심으로 한 북부로 이주해야 했다. 이때 북부를 대표하는 유벤투스를 꺾는 일은 나폴리를 지지하는 팬들의 입장으로는 복수에 성공한 것 같은 카타르시스를 안겨 주는 셈이 됐다.

이런 역사 속에서 두 팀의 경기는 산업이 발달해서 부유한 북부와 상대적으로 가난한 남부 간의 대결을 상징하는 라이벌전으로 자리 잡았다. 강팀 대 약팀의 구도가 뚜렷한 다툼에서 약팀 나폴리가 유벤투스를 제대로 혼내 주고 왕좌를 차지한 때가 있었다. 바로 1980년대 후반 아르헨티나에서 건너온 축구의 신 디에고 마라도나가 활약하던 무렵이었다.

1986-87, 1989-90 시즌에 나폴리는 유벤투스를 제치고 이탈리아 세리에A 우승을 뜻하는 '스쿠데토'를 차지했다. 당시의 업적을

기리며 나폴리는 마라도나의 등번호 10번을 영구결번으로 지정했으며 마라도나 사후에는 홈구장 '스타디오 산 파올로'를 '스타디오 디에고 아르만도 마라도나'로 명명했다.

동해안 더비

포항 스틸러스 대 울산 현대 축구단 경기를 부르는 말이다. 우리나라 동남쪽 끄트머리에서 있는 두 도시는 자동차로 한 시간밖에 걸리지 않을 정도로 가깝다. 포항은 제철 도시로, 울산은 조선 및 중공업 도시로 성장한 점과 K리그 우승 경쟁에서 중요한 순간마다 서로 발목을 붙잡은 역사적인 악연이 겹치면서 "저 녀석들에게만큼은 절대 질 수 없다"는 절박함이 선수단에게도 서포터스에게도 오롯이 새겨졌다.

서로를 악몽으로 이끈 대표적인 사례로는 1998년 리그 플레이오프에서 만났을 때 경기를 승부차기까지 끌고 가며 울산이 포항을 떨어뜨린 것이 있다. 또 2013년 리그 마지막 라운드에서 비기기만 해도 우승을 확정하는 울산과 반드시 이겨야 우승을 차지하는 포항이 만나 후반 추가시간 결승골을 넣으며 포항이 울산을 무너뜨린 일 역시 명장면으로 회자된다.

한 클럽의 레전드로 남은 스타 선수

선수의 팀 이동이 잦은 요즘 어릴 적부터 뛴 자신의 팀을 정말 사랑한 나머지 떠나지 않거나 떠나더라도 상대편으로 만날 일이 없는 먼 곳으로 향하는 존중을 가득 보여 주는 선수도 있다. 축구장의 로맨티시스트로 유명한 주요 선수들을 그들이 말한 주옥같은 명언과 함께 소개한다.

스티븐 제라드

스티븐 제라드는 그의 나이 8세에 축구를 배우러 리버풀 FC에 들어가 1998년에 프로선수로 데뷔했다. 2015년 여름 미국 메이저리그 사커의 로스앤젤레스 갤럭시로 떠나기 전까지 오직 리버풀을 위해서만 헌신했다.

그의 선수 경력 최고점은 2004-05 시즌 챔피언스리그에서 기적의 역전극을 만들며 유럽 챔피언에 오를 때였다. 하지만 리버풀의 가장 오랜 소원이던 프리미어리그 우승컵은 끝내 들어 올리지 못해 팬들의 아쉬움이 매우 컸다.

기회는 물론 있었다. 2008-09 시즌 미드필더인 제라드와 공격수 페르난도 토레스의 조합으로 화끈한 공격력을 선보였으나 맨체스터 유나이티드에 밀려 준우승에 머물렀다. 이어서 2013-14 시즌에도 공격수 루이스 수아레즈와 함께 우승에 도전했지만 이번에는 맨체스터 시티에게 막판 역전을 허용하며 눈물을 삼켰다. 특히 36라운드 첼시 FC와 홈경기에서 전반 막판 제라드가 평범한 패스를 받다 그만 미끄러지고 이를 빼앗은 상대 팀 선수가 결국 득점에 성공해 경기에서 패배하며 스스로 무너지고 말았다. 그가 쓴 자서전에 따르면 그 경기 이후 귀갓길 내내 오열했으며 죽고 싶었을 정도로 힘든 순간이었다고 한다.

제라드는 첼시와 레알 마드리드 등 우승에 가까운 팀으로 이적할 수 있었음에도 리버풀에 남아 팀의 암흑기까지도 함께해 팬들의 믿음을 한 몸에 받았다. 리버풀의 홈구장 안필드를 향한 사랑도 대단해서 "내가 죽으면 병원 말고 안필드로 데려가라. 그곳에서 태어났고 그곳에서 죽을 것이다"라는 명언이 유명하다.

카를레스 푸욜

카를레스 푸욜은 FC 바르셀로나에서만 선수 생활을 한 원클럽 맨이다. 스페인 최고의 중앙 수비수로 활약하며 수많은 우승 트로피를 들어 올렸다. 뛰어난 어린 선수들을 성장시킨 바르셀로나의 유소년 육성 시스템 '라 마시아(La Masia)' 출신으로서 강인한 리더십과 정신력을 바탕으로 여러 스타 선수들이 모인 팀을 이끌면서 역대 최고의 주장으로 칭송받고 있다.

물론 그가 처음부터 최고의 수비수이자 주장으로 돋보이지는 않았다. 2000년대 초반에는 수비수로서는 키가 작은 편인 데다 발재간도 부족해 리그 하위 팀으로 떠날 위기도 있었다. 그러나 아름다운 패스축구를 선보이는 동료들 뒤에서 몸을 아끼지 않고 내던지는 수비력으로 자신의 자리를 지켜 냈다. 2012년에는 상대 선수와 충돌해 광대뼈 골절상을 입고도 20일 만에 마스크를 쓰고서 경기에 임한 적도 있다. 한 매체에서는 그를 이르러 "바르셀로나 선수 중 가장 바르셀로나 같지 않은

카를레스 푸욜은 강인한 리더십과 정신력으로 바르셀로나를 이끌었다.

선수"라고 평가했다.

푸욜은 자신의 후배이자 중앙 수비수 콤비인 제라르 피케를 경기 중 꾸짖고 다독인 멘토로도 유명하다. 엘 클라시코 도중 레알 마드리드 팬들이 던진 라이터에 맞은 피케가 라이터를 들고서 심판에게 다가가 항의하려 했을 때 이를 빼앗아 던져 버리고는 "닥치고 경기에나 집중해!"라고 다그쳤을 정도다. 이 밖에도 그의 명언 중에는 축구 외적으로도 도움이 되는 한마디가 있다. "힘이 드는가? 오늘 걷지 않으면 내일은 뛰어야 한다."

파올로 말디니

말디니 가문은 이탈리아 AC 밀란에서 넘볼 수 없는 명성을 자랑하는 축구 가문이다. 체사레 말디니는 1960년대에 AC 밀란의 중앙 수비수로, 1970년대에는 감독으로 활약했다. 그의 아들 파올로 말디니는 아버지를 뛰어넘는 세계 최고의 수비수로 이름을 높였고 선수 은퇴 후에는 AC 밀란의 스포츠 전략 개발 디렉터로 일하고 있다.

파올로 말디니는 성인 무대에 데뷔한 1984년부터 2009년까지 약 25년을 오직 AC 밀란에서만 활약했다. 세계 최고의 기량을 20년 가까이 유지하면서 팀 역대 최다 출장 기록인 902경기를 뛰었음은 물론 세리에A 우승 7회와 UEFA 챔피언스리그 5회 우승을 거두는 등 팀의 전성기를 이끌었다.

아버지 체사레와 아들 파올로가 단 등번호 3번은 AC 밀란에서 오로지 말디니 가문만 달 수 있는 번호로 남았다. 파올로의 둘째 아들 다니엘 말디니가 2020년 2월 18세의 나이로 1군 무대에 데뷔하면서 3대째 밀란을 위해 뛰는 가문으로 역사에 남았다.

하비에르 사네티

아르헨티나 출신인 인테르나치오날레 밀라노의 우측 수비수 하비에르 사네티는 1995년 이탈리아 밀라노로 건너와 2014년 은퇴할 때까지 인테르나치오날레 밀라노에서만 뛰며 많은 팬과 선수들이 본받고자 하는 전설이 됐다. 선수 생활을 마무리할 나이인 40세에도 꾸준한 경기력을 선보였으며 무엇보다도 불가피한 사정을 제외하고 훈련장 결석 횟수 0회, 레드카드를 받고 퇴장을 당한 횟수가 선수 경력 내내 단 두 차례밖에 없었다는 점이 그의 대단함을 잘 보여 주는 대목 중 하나다.

2009-10 시즌 꿈에 그리던 챔피언스리그와 더불어 세리에A 및 코파 이탈리아를 동시 우승하는

하비에르 사네티는 선수 생활 내내 뛰어난 매너와 기복 없는 플레이를 선보였다.

트레블(Treble, 3관왕)을 달성했다. 이후 인테르나치오날레는 차츰 내리막을 걸었으나 은퇴하는 날까지 팀의 주장이자 정신적 지주로 남아 꾸준히 활약했다. 2013-14 시즌 그의 은퇴 경기가 열린 홈경기장에서는 눈물을 흘리며 잔디밭에 난입해 다가온 팬을 진심으로 안아 주고 다독이기도 했다.

신태용

신태용은 1992년 일화 천마 프로축구단에서 데뷔한 이래 2005년 오스트레일리아의 퀸즐랜드 로어로 떠나기 전까지 일화 천마(현 성남 FC) 한 곳에서만 활약했다. 데뷔한 해에 신인상을 수상한 그는 팀의 플레이메이커로서 꾸준히 활약을 거듭해 K리그 기록 통산 401경기 99득점 68도움을 올렸고 K리그 3회 연속 우승을 두 차례나 이룩하는 등 성남의 전설이 됐다.

선수 생활 중 그가 남긴 "K리그 MVP는 J리그에 가지 않는다"라는 자부심 가득한 명언이 유명하다. 당시 팬서비스도 독보적이어서 경기 중 코너킥을 차러 갔다가 한 팬이 "태용이 형, 왼발!"이라고 말하자 진짜 왼발로 코너킥을 한 사례도 있다. 그는 감독으로서도 성남을 맡아 2010년 AFC 챔피언스리그 우승을 이끌어 선수로서 감독으로서 모두 성남에서 우승 트로피를 들어 올린 인물로 기록됐다.

뗄 수 없는 관계, 축구와 정치

흔히 스포츠와 정치는 분리돼 있다고 생각한다. 국제올림픽위원회와 국제축구연맹은 경기장 안에서 정치적인 행위를 엄격히 금지하고 있다. 그중에서도 축구는 골을 넣고 유니폼을 벗어 속옷에써 놓은 정치적인 문구를 카메라에 보여 주는 행동을 문제 삼으며아예 경기 중 유니폼을 벗었을 때 경고를 주기도 한다.

그러나 스포츠와 정치는 떼려야 뗄 수 없는 관계로 역사 속에서이어지고 있다. 사람들이 자발적으로 모여서 집단으로 한목소리를내는 가장 대표적인 현장이 스포츠 경기장이었고 정치권에서 이런달콤한 유혹을 외면하기란 쉽지 않았기 때문이다. 레알 마드리드와 FC 바르셀로나가 맞붙는 엘 클라시코만 해도 스페인의 두 민족카스티야와 카탈루냐의 대리전으로 펼쳐지며 축구장 안팎에서 각종 정치적인 목소리를 주고받는 현장으로 여전히 남아 있다.

스포츠와 정치가 얽힌 사례 중 가장 먼저 주목해야 할 사건을 꼽자면 1934년 이탈리아 월드컵일 것이다. 이탈리아의 독재자 베니토 무솔리니가 그들이 내세우는 전체주의, 즉 파시즘을 세계에 자랑하려는 정치적인 이유로 대회를 이용했다. 대공황으로 세계경제가 어려울 때 이탈리아는 대형 경기장 등 인프라를 내세우며 월드컵 개최권을 따냈다.

무솔리니의 압력으로 무조건 우승을 해야 하던 이탈리아는 아르헨티나 국적의 선수들을 여럿 빼 오기까지 하며 전력을 강화했다. 이대로 가다가는 더 많은 선수를 빼앗길지 모른다고 두려워하던 아르헨티나는 아예 후보 선수 위주로 내보냈다가 한 경기 만에 탈락하고 말았다.

이탈리아의 독재자 베니토 무솔리니는
월드컵을 정치적으로 이용했다.

끝내 이 대회의 우승 팀은 이탈리아가 됐고 4년 뒤 1938년 프랑스 월드컵에서도 우승해 월드컵 2회 연속 우승에 성공했다. 한편 이탈리아 월드컵에 출전한 또 다른 파시즘 국가인 독일은 준결승전에서 체코슬로바키아에 패하자 화가 난 독재자 아돌프 히틀러가 선수들을 감옥에 보내 버리기도 했다.

브라질은 축구의 나라라고 불릴 만큼 축구가 일상 깊숙이 스며들어 있다. 브라질에서 축구는 간편한 공놀이이자 운동 종목을 뛰어넘어 삶에 가장 큰 활력과 위안을 줄 만큼 중요한 존재다. 1956년부터 1961년까지 집권한 주셀리누 쿠비체크 전 대통령이 이런 축구의 특성을 이용해 정치도구로 써먹었다. 브라질이 1958년 스웨덴 월드컵에서 우승을 차지하자 국가대표 선수들의 사진이 담긴 스티커를 국민을 위해 나눠 주면서 정책 홍보의 효과를 봤다.

　1994년 미국 월드컵을 앞두고 브라질의 축구 스타 호마리우는 "배고픈 국민에게 음식을 제공하듯 월드컵을 선사할 것"이라 말했고 이를 정확히 실천해 조국에 우승컵을 안겼다. 현역 은퇴 이후 그는 정당에 입당하고 상원의원에 당선돼 본격 정치인으로 활동 중이다.

　동유럽으로 시선을 돌리면 이곳에 유독 디나모(Dynamo)라는 이름이 붙은 프로축구단이 많다는 것을 발견할 수 있다. 심지어는 각 팀의 엠블럼에 붙는 알파벳 D마저도 서로 매우 흡사한 모양을 띤다. 모두 소비에트연방의 정보기관 KGB나 소비에트연방의 영향에 있던 각국의 비밀경찰이 주체 또는 후원자가 돼 만든 팀이기 때문이다. 이들 중 대부분은 축구 내외적으로 강력한 지원을 등에 업고 유럽 사회주의국가의 축구계에서 강팀으로 군림했다.

2014년 10월 세르비아 대 알바니아의 유로 2016 예선전에서는 1300년이나 얽히고설킨 갈등이 폭발했다. 두 나라는 이미 사이에 자리한 영토 코소보를 두고 600년대부터 수차례 전쟁을 치른 사이였다. 세르비아의 홈구장에서 경기가 열린 이날 알바니아 총리의 형제인 올시 라마가 상공에 드론을 띄우며 일이 터졌다. 드론에 달린 깃발에는 알바니아의 과거 영토 그림과 국가 위상을 찬양하는 문구가 새겨져 있던 것이었다.

　　이를 발견한 세르비아 선수는 그 깃발을 떼어 내려 했고 이를 막고자 알바니아 선수가 달려들면서 난투극이 벌어지고 말았다. 이에 흥분한 세르비아 관중이 잔디밭으로 난입해 알바니아 선수단을 폭행하기에 이르렀다. 이 사건으로 스포츠중재재판소(CAS)는 세르비아 측이 경기장 안전 관리를 소홀히 해 경기가 중단됐다는 이유로 세르비아에 몰수패를 판결했다.

　　축구를 매개로 정치계까지 진출한 예는 아르헨티나에서도 발견할 수 있다. 아르헨티나의 기업가이자 부유한 가문 출신인 마우리시오 마크리는 1995년 보카 주니어스 회장으로 취임했다. 그의 재임 기간 동안 보카 주니어스는 아르헨티나는 물론 남미 및 세계대회에서도 우수한 성적을 거두며 이름을 떨쳤다. 마크리는 이를 발판 삼아 2007년 부에노스아이레스 시장 선거에서도 승리하며 정치인으로서의 삶을 본격적으로 시작했다. 아르헨티나 최고의 인기

축구 클럽을 잘 활용해 정치적으로도 대중적인 인기를 얻은 것이다. 이에 그치지 않고 그는 아르헨티나 제53대 대통령으로도 당선돼 2015년부터 2019년까지 임기를 수행했다.

우리나라 프로축구는 아예 정치적인 목적으로 탄생했다. 1980년대에 신군부 쿠데타로 집권한 전두환은 국민의 관심을 정치가 아닌 다른 곳으로 돌리고자 우민화 정책을 실시했다. 그중 하나로 프로야구와 프로축구를 각각 1982년과 1983년 연이어 출범시켰다.

1983년 다섯 팀이 참가해 슈퍼리그라는 이름으로 첫 시즌의 문을 열었으나 프로축구가 제대로 정착하는 데는 오랜 시간이 걸렸다. 초기 각 팀의 연고지는 허울뿐이어서 각 지역을 순회하며 경기를 치러 팬층이 자리 잡기가 어려웠고 준비가 부족한 상태에서 시작한 나머지 있던 팀도 사라지거나 다른 연고지로 이전하는 등 부침이 잦은 탓이었다.

말 한마디로 전쟁을 멈춘 축구선수

축구가 경기 내적으로나 외적으로 평화를 유지하는 데 큰 역할을 하고 있다는 것은 앞서 이미 소개한 바 있다. 이번에는 한창 지속되던 전쟁을 말 한마디로 멈춘 축구선수를 소개하고자 한다. 전 코트디부아르 국가대표 디디에 드로그바의 이야기다.

드로그바는 코트디부아르의 대도시 아비장에서 태어나 젊은 나이에 프랑스로 이주했다. 프랑스 리그1에 속한 르망 FC, EA 갱강에서 두각을 나타낸 그는 2002년 처음으로 코트디부아르 국가대표로 뽑혔다. 다음 해인 2003년 카메룬과 맞붙은 친선경기에서 국가대표로서 두 번째 출전 만에 데뷔골을 터뜨려 기대감을 높였다.

드로그바의 국가대표 경력에 매우 의미 있는 기간은 2006년 독일 월드컵 아프리카 지역 예선이었다. 그가 있기 전까지 코트디부아르는 나이지리아, 카메룬 등에 밀려 월드컵 본선에 진출한 적이 단 한 번도 없었다. 그는 월드컵 예선에서 다섯 팀을 상대로 총 9골을 넣어 득점을 책임졌다.

코트디부아르의 첫 월드컵 본선 진출 과정은 마치 드라마 같았다. 한 조에서 총 여섯 팀이 격돌해 오직 1위만이 본선에 올라가는 험난한 과정을 넘어야 했다. 단 한 장의 본선 티켓을 놓고 코트디부아르와 카메룬이 치열한 선두 다툼을 벌였다. 그러나 코트디부아르는 열 경기 중 9차전에서 마주한 카메룬과의 홈경기에서 드로그바의 두 차례 동점골에도 끝내 2:3으로 패배해 자력 진출이 불가능한 상황에 놓이고 말았다.

코트디부아르가 본선에 진출하는 경우의 수는 10차전 원정경기를 반드시 이기고 카메룬이 홈경기에서 승리하지 못하기를 바라는 것뿐이었다. 두 경기는 접전 끝에 극적인 결말로 코트디부아르가 사상 처음으로 월드컵 본선에 진출하게 된다.

2005년 10월 월드컵 본선 진출로 코트디부아르 전역이 하나가 돼 열광하고 있을 때 드로그바를 비롯한 국가대표 선수들은 코트디부아르 방송국과의 인터뷰 도중 무릎을 꿇었다. 선수단을 대표해서 마이크를 잡은 드로그바는 이렇게 연설했다.

"코트디부아르 전역에 계신 동포 여러분. 우리는 오늘 모든 국민이 공존할 수 있고 월드컵이라는 같은 목표를 향해 뛸 수 있음을 증명했습니다. 우리는 사람들을 하나로 뭉치게 할 수 있다고 약속드렸습니다. 그리고 오늘 이렇게 무릎을 꿇고 부탁드립니다. 아프리카에서 가장 풍족한 나라인 우리가 전쟁으로 이렇게 갈라질 수는 없습니다. 제발 무기를 내려놓고 투표해 주세요. 그러면 모든 것이 점차 나아질 것입니다."

당시 코트디부아르는 로랑 그바그보를 중심으로 한 남부 가톨릭 세력과 알라산 우아타라가 이끄는 북부 이슬람 세력으로 나뉘어 수십 년간 서로를 원수처럼 여겨왔다. 이윽고 그바그보가 집권하던 2002년 북부 세력이 쿠데타와 내전을 일으키며 기나긴 싸움을 시작했다. 이때 코트디부아르의 특산물 중 하나이자 초콜릿의 원료인 카카오가 정부군과 반군의 전쟁 자금으로 쓰이면서 '피의 초콜릿'이라는 말 또한 생겨났다.

코트디부아르의 축구 영웅이 진심을 가득 담아 전한 "전쟁을 멈춰 달라"라는 호소는 즉시 통했다. 2002년부터 총성을 멈추지 않던 두 집단은 일주일 동안 휴전에 들어갔고 화해 분위기가 조성되기 시작했다. 일주일 뒤 다시금 전쟁 분위기가 감도는 듯했으나 2006년 코트디부아르 대표팀이 참여한 월드컵이 개막하자 한 달 동안 재차 휴전했다. 그리고 2007년 두 세력은 서로 합의에 이르러

평화협정까지 체결하면서 기나긴 전쟁을 끝냈다.

하지만 안타깝게도 몇 년 뒤 전쟁은 다시 벌어졌다. 2010년 11월 코트디부아르 대통령 선거에서 알라산 우아타라가 가까스로 승리했으나 로랑 그바그보 측이 선거 부정 및 무효를 외치며 자신이 이겼다고 주장한 것이다. 끝내는 두 사람이 각각 대통령 취임을 강행해 한 나라에 두 대통령이 서는 상황까지 벌어졌고 이는 곧 또 다른 내전으로 이어졌다.

디디에 드로그바는 코르디부아르 대표팀 주장으로도 활약했다.

2011년 국제연합 등 국제사회가 개입한 끝에 10년 만에 그바그보 시대는 결국 막을 내렸다.

코트디부아르 정치가 이렇듯 어지럽던 가운데도 드로그바의 선행은 계속됐다. 자신의 이름을 딴 디디에 드로그바 재단을 세운 그는 2016년 고향 아비장에 병원을 세우고 2018년 오나히오 포쿠-쿠아메크로라는 마을에 새로운 초등학교를 설립하며 은퇴 후 자선사업에 힘쓰고 있다. 2020년 4월에는 자신이 세운 병원을 코로나19 치료센터로 제공해 감염병 퇴치에도 앞장서는 중이다.

이렇듯 전쟁을 멈춘 드로그바에게 우리나라 축구 팬들이 붙인 별명이 바로 '드록신(神)'이다. 아멘 대신 '드멘'을 외칠 만큼 드로그바를 향한 인기와 칭송은 여전하다. 2019년 우리나라 게임 개발사 넥슨은 게임 피파 모바일4의 모델로 드로그바와 계약을 맺었다. 넥슨은 그와 계약을 체결하면서 디디에 드로그바 재단에 기부금 1억 원을 전달했다. 드로그바는 "예전부터 한국 팬들이 붙여준 '드록신'이라는 별명을 매우 감사하게 생각하고 있다"며 이에 화답하기도 했다.

4장

하는 축구,
보는 축구

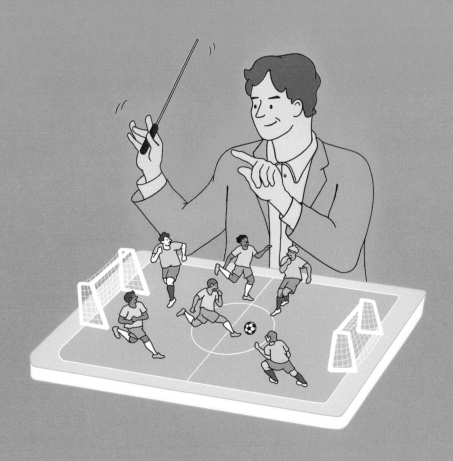

축구의 위대함은 잔디 위의 선수들에게 있는 것이 아니다.
이 자그마한 축구공에 담겨 있다.

-알프레도 디 스테파노

축구는 우리를 어떻게 변화시킬까?

축구의 즐거움에 취해 잔디밭이든 흙바닥이든 공 하나를 쫓아다니다 보면 90분이고 120분이고 시간 가는 줄 모른다. 이때 축구는 단순히 재미만 주는 게 아니라 숨 가쁘게 뛰어온 만큼 우리 몸에 크고 작은 변화를 안긴다. 축구가 운동으로써 어떤 효과를 불러일으키는지 알아보자.

축구는 그야말로 전신운동이자 종합 운동이다. 어떤 일을 오랫동안 버티게 하는 지구력, 근육의 힘을 나타내는 근력, 관절의 움직임을 원활히 하는 유연성, 움직임이 시시각각 변해도 쉽게 치우치거나 쓰러지지 않고 무게중심을 유지하는 균형감각을 모두 강화시킨다.

축구선수들은 한 경기에 보통 10킬로미터에서 15킬로미터 이

상까지도 뛰어다닌다. 400미터 둘레의 운동장 트랙을 서른 바퀴 가까이 도는 셈이다. 이 가운데 20~30퍼센트는 전력 질주, 70~80퍼센트는 기회를 엿보고 상황에 집중하는 가벼운 달리기로 이루어진다. 즉, 축구는 전력 질주와 가벼운 달리기를 오가는 인터벌 운동이다.

또 축구는 유산소운동과 무산소운동이 적절히 어우러진 운동이다. 유산소운동은 인체의 지방을 태워 비만을 예방하며 에너지를 받아들이고 소비하는 양을 키운다. 심장과 폐의 기능은 물론 전체적인 운동 능력 또한 끌어올려 준다. 무산소운동은 근력 성장을 돕는다. 짧은 순간에 신체 능력을 최대치로 끌어올리거나 몸싸움에 쉽게 넘어지지 않고 어렵게 잡은 기회를 마음먹은 대로 성공시키려면 탄탄한 근육이 꼭 필요하다. 이렇듯 축구는 신체 능력을 골고루 키우며 건강한 몸을 만들 수 있도록 도와준다.

스페인의 호세 칼베트 박사가 축구선수 17명을 대상으로 연구한 결과에 따르면 사춘기 이전부터 축구를 즐기기 시작한 사람은 그렇지 않은 사람과 비교했을 때 다리와 척추의 골밀도가 훨씬 높은 것으로 나타났다. 골밀도가 높다는 것은 뼈가 단단하다는 것이며 뼈의 손상을 어느 정도 예방할 수 있음을 의미한다.

이처럼 축구가 약한 몸을 강하게 만들어 주는 운동이다 보니 어릴 적 허약한 몸 때문에 시작했다가 더 나아가서 신체적인 약점을 극복하고 최고의 자리까지 오른 선수도 있다.

크로아티아 국가대표이자 레알 마드리드에서 뛰는 미드필더 루카 모드리치가 그중 하나다. 172센티미터에 66킬로그램으로 다른 선수에 비해 작고 마른 편이며 나이도 30대 중반에 접어들었지만 광활한 활동량이 필수인 경기에서 매해 40경기 안팎을 꾸준히 뛰며 강인한 모습을 보여 주고 있다. 실력 또한 '축구 도사'라 불릴 만큼 상대의 압박에서 쉽게 벗어나는 재간과 창의적인 패스 그리고 날카로운 슈팅을 겸비해 레알 마드리드의 UEFA 챔피언스리그 우승과 크로아티아의 월드컵 준우승을 이끌었다.

모드리치는 2018년 세계 최고의 축구선수가 수상하는 발롱도르(Ballon d'Or, 황금 공이라는 뜻의 프랑스어)를 받았는데 소감으로 "어린 시절 그라운드에 서면 양 팀 합쳐 항상 내가 가장 작고 약했다. 하지만 좌절하지 않았다. 다른 아이들이 체격을 키울 때 나는 실력을 키웠다"라고 하며 "최고의 순간은 절대 쉽게 오지 않았다"라고 돌아보기도 했다.

작지만 강한 선수로 아르헨티나와 FC 바르셀로나에서 공격수로 활약하는 리오넬 메시를 빼놓을 수 없다. 리오넬 메시는 11세가 되던 때 성장호르몬이 부족해 어른이 되어서도 키가 150센티미터를 넘지 못할 것이라는 진단을 받았다. 그러나 그의 축구 재능과 가능성을 알아본 바르셀로나는 메시와 선수 계약을 맺고 성장을 위해

치료도 꾸준히 받게끔 했다.

바르셀로나의 지극 정성과 본인의 노력으로 170센티미터까지 자란 메시는 보란 듯이 세계 최고의 축구선수로 성장했다. 17세의 나이에 라리가에서 데뷔골을 넣은 이래로 매 시즌마다 누구도 넘보지 못할 기록을 수도 없이 세우고 있다. 해마다 50경기 가까이 뛰면서 부상이나 기복이 없는 활약을 자랑하는 중이다.

그의 명성과 활약에 걸맞게 메시는 현재 세계에서 가장 많이 발롱도르를 수상한 선수기도 하다. 메시는 "꿈꾸는 것을 멈추지 말아야 할 뿐 아니라 항상 발전하기 위해 노력하고 계속해서 즐겨야 한다"라고 나름의 비결을 밝혔다.

한편으로 축구를 하면서 언제나 건강할 수만은 없다. 90분 남짓 온 힘을 써야 하는 운동인지라 부상을 피해 갈 수가 없다. 축구를 하면서 제일 자주 다치는 부위는 발목과 무릎이다. 강한 체력과 순발력이 필요하고 몸싸움도 잦은 종목이기에 급격히 방향을 바꾸거나 플레이 중 상대방과 강하게 부딪쳤을 때 인대가 늘어나거나 심하면 파열될 수도 있다. 특히 무릎 십자인대 부상은 축구선수에게 치명적이어서 오랫동안 재활을 거쳐도 예전의 기량을 되찾기 어려운 경우도 생긴다.

또 공중에 뜬 공을 차지하려 하거나 머리로 골을 넣어야 할 때 헤더를 하는 도중 머리와 얼굴 및 목 부상에 노출될 가능성이 크다.

축구는 격렬한 운동인 만큼 부상도 적지 않은 편이다.

공을 머리에 맞힐 때 실리는 힘은 경우를 따라서 권투에서 머리에
맞는 것보다 훨씬 큰 충격을 주기도 하며 심할 때는 뇌진탕까지 일
으킬 수 있다. 이 때문에 유소년 축구에서는 헤더를 금지하기도 하
고 연령대에 맞게 작은 축구공 사용이 권장되기도 한다.

선수들을 한 몸처럼 움직이는 감독

우루과이 작가 에두아르도 갈레아노는 우루과이 축구 국가대표 팀을 바라보며 "다람쥐처럼 약삭빠르게 공을 가지고 체스를 두는 사내들"이라고 표현한 바 있다.

축구는 드넓은 잔디밭을 뛰어다니며 공을 차는 운동이고 체스는 머리를 굴리며 한 수 한 수를 두는 보드게임이다. 축구의 무엇이 체스처럼 느껴진 걸까? 바로 축구도 전략과 전술을 갖췄을 때 이길 수 있는 종목이기 때문이다.

전략이란 목표를 달성하기 위해 생각할 수 있는 여러 가지 방법이며 전술은 이 전략을 실천에 옮길 때 구체적으로 필요한 점들이다. 축구에 전략과 전술이 있어야 하는 까닭은 11명이 하나가 되어 동시에 공을 쫓아 뛰어다니는 팀 스포츠이기 때문이다. 11명 중 단

1명이라도 제 역할대로 움직이지 못하면 그곳에서 빈틈이 생겨 결국은 팀 전체가 무너지고 만다. 그래서 축구를 하는 이들에게 중요한 덕목이 협동심인 것이다. 팀의 전략과 전술을 세우고 선수들을 하나로 뭉치게 이끄는 사람이 있는데 바로 감독이다.

근대 축구의 역사가 시작될 당시에는 각종 전략과 전술은커녕 축구를 잘하는 방법도 제대로 알려지지 않았다. 한 선수가 공을 몰고 가면 나머지 선수는 그가 태클을 당하거나 공이 튀어 나가지 않도록 막는 역할을 했고 상대 선수들은 공을 잡은 선수를 향해 우르르 몰려갈 따름이었다. 초등학생들이 공을 차고 놀면서 너도나도 공만 쫓아 우르르 따라가는 것처럼 말이다.

1870년대를 지나면서 드리블에서 패스 위주로 점차 전략과 전술이 바뀌어 가기는 했지만 여전히 당시 축구에서 패스란 공을 저 멀리 앞으로 차고 달려가는 롱볼 플레이에 불과했다. 이를 뒤바꿔 팀 전원의 일치된 행동으로써 하는 패스가 널리 퍼진 경기는 1872년에 벌어진 최초의 국제경기 스코틀랜드 대 잉글랜드 경기였다. 이 경기에서 패스의 개념을 깨우치고 널리 퍼뜨린 쪽은 축구 종가 잉글랜드가 아니라 그들을 상대한 스코틀랜드였다.

경기 시작 전 스코틀랜드 선수들은 잉글랜드 선수들보다 평균 6킬로그램이나 체중이 덜 나간다는 사실을 알았다. 힘 대 힘으로 붙었다가는 이길 가능성이 낮았다. 이에 스코틀랜드는 힘으로 맞

잉글랜드와 스코틀랜드는 최초의 국제 축구 경기를 펼쳤다.

서는 대신 잉글랜드 선수들 주변으로 패스를 돌리고자 했다. 결과
는 0:0으로 득점 없는 무승부였으나 패스가 드리블보다 낫다는 것
을 알려 준 경기가 됐다. 글래스고 헤럴드라는 신문에서 당시 경기
를 기사로 옮겼는데 "잉글랜드 선수들이 스코틀랜드 선수들보다
덩치도 있고 몸도 빨랐지만 스코틀랜드의 강점은 훌륭한 팀워크였
다"라고 정리했다.

　패스가 축구의 필수 요소가 되면서 선수들을 어떻게 배치하고

무슨 역할을 줄 때 더 효율적이고 위협적인 팀플레이가 가능할지를 고민하기 시작했다. 여기에서 선수와 선수가 일정한 형태로 서는 전형, 즉 포메이션이 생겨났다. 1870년대 말과 1880년대 사이에 등장한 대표적인 포메이션은 피라미드 전술이라고도 불리는 2-3-5이었다. 이 포메이션으로 프레스턴 노스 엔드는 잉글랜드 풋볼 리그(프리미어리그의 전신) 1888-89 시즌 무패 우승을 비롯해 이듬해 시즌까지 연속으로 우승을 차지했다.

이후 수십 년간 보편적으로 쓰이던 2-3-5 형태가 바뀐 계기는 1925년 오프사이드 규칙이 변경되면서였다. 1866년 이래 기존의 오프사이드는 골키퍼를 포함한 상대 선수 3명 이상이 공격수와 골대 사이에 있어야 했다. 여기서 수비측의 수가 3명에서 2명으로 줄어들며 규칙이 바뀌었고 한번 판단을 잘못하는 순간 공격수와 골키퍼가 일대일을 맞이할 문제가 생기게 됐다.

1920년대 후반 이를 해결할 방법을 찾던 허버트 채프먼 아스널 FC 감독이 중앙 미드필더를 아래로 내려 3명이 수비를 서게 하면서 2-3-5를 3-2-2-3으로 바꿨고 이렇게 WM 포메이션이 등장했다. 아스널은 이후 FA컵 1회, 풋볼 리그 2회 우승을 거두며 강팀으로 떠올랐다. 아스널은 팀이 정밀한 기계에 가까워지고 있다는 평가를 받았으며 어느덧 WM 포메이션은 1950년대까지 축구의 기본 전술이 됐다. 채프먼 감독은 개인보다 팀을 중요시하며 "30년

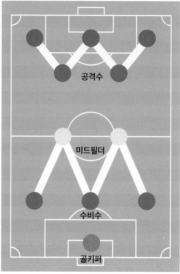

최초의 포메이션인 피라미드 포메이션(왼쪽)과 이를 보완한 WM 포메이션(오른쪽).

전 선수들은 기술과 솜씨를 마음껏 발휘해도 좋다는 생각으로 경기장에 나섰다. 이제 그들은 하나의 시스템에 헌신해야 한다"라는 말을 남기기도 했다.

하나의 시스템에서 11명이 함께 움직이는 축구는 1970년대에 들어서 공간을 통제하는 경기라는 개념으로 한층 발전했다. 리누스 미헬스 감독은 공을 가지면 경기장을 넓게 사용해서 공을 지키고 공이 없을 때는 공간을 좁히면서 상대가 공을 오래 소유하지 못하도록 팀을 지휘했다. 이것이 그가 만든 '토털 풋볼(Total Football)' 이다. 기존의 패스 축구는 선수들이 제자리를 벗어나지 않고서 공을 돌리는 것에 불과했다.

미헬스 감독은 네덜란드의 AFC 아약스에 부임했을 때 규율을 중요시했고 90분 내내 11명이 한 몸처럼 움직이며 공을 소유하거나 빼앗을 수 있게끔 훈련시켰다. 포메이션 역시 WM을 버리고 4-2-4와 4-3-3 등을 사용했는데, 선수들이 체계적으로 서로의 위치를 좌우로 바꾸게 하면서 공간을 만들어 상대를 혼란스럽게 했다. 이 토털 풋볼은 아약스와 네덜란드의 천재 축구선수 요한 크루이프와 함께 네덜란드 국가대표팀으로도 옮겨져 세계를 놀라게 했다.

1970년대 네덜란드 축구에 넋이 빠진 사람이 있었는데 바로 이탈리아의 아리고 사키 감독이었다. 그는 공을 잡은 선수만큼 공을 잡지 않은 선수도 중요하며 공을 가지면 플레이를 지배하고 수비할 때는 공간을 지배하고자 했다. 이때 핵심은 '짧은 팀'이었다. 4-4-2를 기반으로 수비수부터 공격수까지 25미터 사이로 간격을 좁혀 움직이도록 한 것이다. 모든 선수가 알맞은 자리를 지키고 같은 모양으로 함께 움직여 압박으로 공간을 휘어잡았다. 사키 감독은 "축구는 대본이다. 배우가 훌륭하다면 창의성을 발휘해 대본과 대사를 나름대로 해석할 수 있지만 기본적으로는 대본을 따라야 한다"라고 강조하기도 했다.

이후로도 현대 축구는 여러 모습의 전략과 전술을 새로이 선보이고 있지만 큰 틀에서는 모두 위에 언급한 것들의 변형이라고 해도 과언은 아니다. 일정 간격을 유지하는 삼각 대형을 바탕으로 길고 짧은 패스를 자유자재로 주고받으며 점차 앞으로 나아가는 티키타카(Tiqui-taca)와 자기 진영에서든 상대 진영에서든 공을 뺏기자마자 공간을 좁히며 압박을 가하고 공을 되찾는 즉시 빠르게 역습을 펼치는 게겐 프레싱(Gegen pressing) 등이 그렇다.

150년이 넘는 역사를 지나면서 축구는 그저 공을 쫓아 뛰어다니는 운동이 아니라 감독 1명이 선수 11명을 지휘하는 전략 전술 게임으로 거듭났다. 축구를 보고 즐기는 팬들도 이제는 각종 축구 게임으로 전략과 전술을 직접 쓰면서 경험해 보는 시대가 됐다. 앞으로 또 어떤 기발한 아이디어가 등장해 세계를 놀라게 할지 궁금하다.

감독 하나 바뀌었을 뿐인데

축구에서는 혼자 힘으로 경기 향방을 바꿀 스타플레이어의 존재도 중요하지만 선수들의 장점을 적합하게 활용해 한 팀으로 녹여 내는 명감독의 역량도 매우 중요하다.

현대 축구는 감독 놀음이라 불릴 정도로 감독이 팀에 미치는 영향력이 커졌다. 단순히 선발 라인업을 세우고 전략과 전술을 짜는 일을 넘어 선수단을 하나로 모으고 팀의 역량을 극대화하는 데에도 감독의 강한 리더십은 꼭 필요하다. 반대로 감독이 팀의 중심을 세우지 못하거나 선수들을 올바르게 쓰지 못하여 신임을 잃는 경우 아무리 대단한 선수들이 즐비하더라도 그 팀은 무너질 수밖에 없다.

특히 "감독 하나 바뀌었을 뿐인데"라는 말이 나오는 경우가 축

거스 히딩크 감독은 대한민국 국가대표팀을
이끌고 월드컵 4강까지 올라갔다.

구에는 참 많다. 이는 크게 두 가지로 나뉜다. "감독만 바뀌었을 뿐인데 어떻게 팀이 이렇게 좋아졌을까?" "감독만 바뀌었을 뿐인데 어떻게 팀이 저리 몰락했을까?" 이를 살펴보고 설명하기 위해 구구절절 이론만 늘어놓기보다는 대표적인 사례와 이야깃거리를 소개하는 편이 나을 듯하다.

가까운 사례로 대한민국 국가대표팀이 있다. 대표팀은 거스 히딩크 감독이 오기 전과 후로 나눌 만하다. 대표팀을 이끌고 2002년 한일 월드컵 4강까지 진출한 히딩크 감독은 단지 팀의 성적을 끌어올린 것을 넘어 선진 훈련 시스템을 적극 도입해 이후에도 우리나라에 좋은 선수들이 등장하게끔 영향을 끼쳤다.

또 가장 대조적이라 할 만한 트레블(Treble)에 관한 두 일화를 가져왔다. 들어가기에 앞서 트레블이란 트리플, 즉 3관왕을 가리키는 말로 자국 정규 리그와 컵대회 그리고 대륙별 클럽 대항전까지 세 대회를 한 시즌 내 동시에 우승하는 것을 일컫는다. 예를 들어 우리나라에서는 K리그와 FA컵, AFC 챔피언스리그에서 모두 우승컵을 들어 올리면 되는 것이다. 높은 단계로 진출할수록 자연스레 경기 수도 늘어나는데 처음부터 끝까지 정상 기량과 컨디션을 유지하는 팀만이 획득할 수 있는 타이틀이다.

감독 때문에 트레블을 달성한 팀이 위기를 맞이한 일과 감독 덕분에 내리막을 걷던 팀이 환골탈태해 트레블마저 이룩한 일이 딱 10년 터울로 있었다. 2010년대 초반의 인테르나치오날레 밀라노 그리고 2010년대 말의 바이에른 뮌헨이 그 주인공이다.

2009-10 시즌 인테르나치오날레는 조제 모리뉴 감독의 지휘 아래 세리에 A, 코파 이탈리아, UEFA 챔피언스리그를 모두 우승하며 이탈리아 축구단으로서 처음으로 트레블의 영광을 안았다. 모리뉴 감독은 챔피언스리그 결승전이 끝난 직후 팀을 떠났는데 자신의 다음 꿈을 실현하고자 레알 마드리드로 향했기 때문이었다.

인테르나치오날레는 트레블을 달성한 최강의 선수단을 이어받을 감독으로 라파엘 베니테즈를 점찍었다. 그러나 베니테즈 감독은 강력한 카리스마와 털털함을 갖춘 모리뉴에 비해 선수단 소통 및 관리 능력에서 떨어지는 모습을 보였다. 전술적인 능력은 뛰어났지만 지나치게 독단적이고 사무적인 태도 때문에 선수단은 물론 이사진과도 트러블을 일으켰다.

베니테즈 감독은 2010-11 시즌 전반기에 단기 대회인 수페르코파 이탈리아나와 FIFA 클럽 월드컵 우승을 이뤘지만 세리에A에서 7위로 떨어지며 부진한 모습을 보였다. 결국에는 2010년이 끝나지도 않은 12월 일찌감치 상호 합의로 계약 해지를 하며 짐을 싸고 말았다. 베니테즈 감독은 이사진에게 선수단 보강이 제대로 이뤄지지 않으면 팀을 나가겠다고 했는데 그것이 현실로 이뤄진 셈이었다.

이번에는 감독이 바뀌며 팀이 살아난 사례를 살펴보자. 2019-20 시즌 초반 니코 코바치 감독이 이끌던 바이에른 뮌헨은 경기력 측면에서 기대에 걸맞지 않은 모습을 계속 노출했다. 이때 바이에른은 리그에서 5승 3무 2패를 기록 중이었는데 분데스리가 10라운드에서는 1:5 대패를 당해 충격을 안기기도 했다.

그렇다고 바이에른이 전력이 애매한 팀인 것도 아니었다. 독일 분데스리가 내에서는 앞서는 팀이 없다고 할 만큼 강력한 선수층을 구성한 팀이었다. 문제는 코바치 감독의 선수 장악력과 선수를 보는 눈이 부족했다는 점이다.

결국 코바치 감독은 1:5 패배의 후폭풍을 이기지 못하고 자리에서 물러났다. 뒤를 이은 인물은 한스디터 플리크 감독이었다. 코바치와 달리 플리크 감독은 바이에른의 베테랑 선수들을 잘 파악한 상태였다. 2006~2014년 독일 국가대표팀에서 수석 코치로 지낸 바 있는 덕분이었다.

플리크 감독은 코바치의 눈 밖에 나 있던 제롬 보아텡과 토마스 뮐러에게 신뢰를 보냈고 둘은 보란 듯이 부활에 성공했다. 보아텡은 주전 수비수 자리로 돌아와 전성기 시절의 수비력을 다시 뽐냈고 뮐러는 21도움을 달성하며 개인 최고 기록을 세웠다.

둘의 경기력만 오른 것은 아니었다. 팀의 기둥인 베테랑의 실력이 다시 살아나자 팀 성적도 쑥쑥 올랐다. 무려 공식전 30경기에서 29승 1무라는 압도적인 흐름을 타면서 중위권을 상대로도 버거워하던 팀을 감히 누구도 범접하지 못할 강호로 바꿨다.

정점은 UEFA 챔피언스리그에서 빛을 발해 말 그대로 폭발적인 면모를 드러냈다. 8강에서 만난 유럽의 대표적인 명문 중 하나인 FC 바르셀로나를 무려 8:2로 잡으며 세계 축구 팬들에게 충격과 공포를 안겼다. 결점이 보이지 않는 경기력을 시종일관 유지하면서 상대를 그야말로 박살 내 버린 것이다. 기세를 이어 진출한 결승에서는 네이마르와 킬리안 음바페가 공격진으로 나서는 파리 생제르망에 맞서 1:0으로 승리해 11전 전승 우승을 이루는 데 성공했다.

이로써 플리크 감독은 바이에른을 바르셀로나에 이어 두 번째로 2회째 트레블을 달성한 팀으로 역사에 아로새겼다. 시즌 도중 부임한 감독으로는 첫 트레블이라는 전무후무한 업적 역시 개인 커리어에 추가했다.

감독만 바뀌었을 뿐인데 무너져 가던 팀을 바로잡은 것을 넘어 유럽 정상으로까지 이끌었다. 감독의 중요성을 이보다 잘 보여 주는 사례는 없을 것이다.

축구가 지금과 같은 형태를 갖춘 것은 생각보다 오래되지 않았다. 처음 경기 규칙이 정해졌을 시기에는 이마저도 허술하기 짝이 없어 곳곳에서 문제가 드러났다. 마치 신작 게임이 발매되고 재미있다는 입소문이 퍼져 플레이했더니 온갖 버그가 발견돼 점검과 패치를 계속하는 모양새였다. 이런 패치가 축구에서는 100여 년간 조금씩 이뤄졌다.

최초의 규칙으로 알려진 케임브리지 규칙이 생겨난 해가 1848년이었지만 골키퍼라는 포지션이 인정받은 시기는 그보다 20여 년이 지난 1870년대였다. 11명 중 골키퍼만 색깔이 다른 유니폼을 입기 시작한 해는 1909년이며 1912년이 된 후에야 골키퍼는 페널티 에어리어 안에서만 공을 손으로 잡을 수 있게 됐다. 그 당시

선덜랜드 AFC 골키퍼 리치몬드 루스가 자꾸만 하프라인까지 공을 잡고 앞으로 나와 문제가 되면서 추가된 것이었다.

이후 시간이 흘러 1992년에 골키퍼의 행동을 제한하는 규칙이 또 생겨났으니 같은 팀 선수가 패스한 공을 손으로 잡아서는 안 된다는 것이었다. 1990년 이탈리아 월드컵에서 아일랜드 선수들이 골키퍼와 무려 6분 가까이 패스하고 손으로 잡고를 반복한 일이 논란을 부추겼다. 이미 이전에도 수비수가 골키퍼에게 백패스를 하고 골키퍼가 이를 잡아 시간을 끌면서 전열을 다듬는 일이 어제오늘 일은 아니었다.

금지 당시에는 골키퍼가 그저 멀리 공을 차기만 해서 재미없는 롱볼 축구를 부추길 것이라며 반대하는 목소리가 컸다. 그러나 시간이 흘러 현대 축구에서는 수많은 골키퍼가 이에 적응했을 뿐 아니라 단순히 공을 막는 임무를 넘어 공격 전개를 시작하는 역할까지 맡으며 골키퍼의 발 기술 역시 중요해졌다. 덧붙여 2000년에는 골키퍼가 공을 손으로 잡거나 안은 채 6초 이상 있을 시 반칙이라는 규칙이 추가되기도 했다.

축구를 잘 모르는 사람들이 자주 헷갈려 하는 오프사이드 규칙은 근대 축구가 갓 생겨났을 때부터 존재했다. 뒤쪽에서 높게 날아오는 롱패스를 받기 위해 골대 근처에만 몰려 있다가 서로 싸우는 일을 막기 위해서였다. 초기에는 옆과 뒤로만 패스가 가능했으며 앞으로 나아가려면 직접 공을 몰고 돌파하는 수밖에 없었다.

이 조항은 1866년에 바뀌어 상대 팀 골대와 우리 팀 선수 사이에 골키퍼를 포함한 상대 수비 인원이 최소 3명이 있으면 전진 패스가 가능하도록 했다. 1925년에는 최소 인원이 2명으로 줄면서 현재의 오프사이드 규칙과 같아졌다.

오프사이드 규칙은 공격수의 과감한 공격을 막아 골을 감소시킨다는 우려가 있었다. 이에 국제축구연맹은 1990년 전진 패스를 받는 공격수가 최종 수비수보다 뒤에 있어야 하는 대신 같은 선 위에 있어도 반칙이 아니라고 수정됐다. 이어 2005년에는 공격에 실제로 가담하지만 않으면 선수가 앞에 있더라도 오프사이드 규칙을 적용하지 않는다고 한층 완화되어 지금에 이르고 있다.

심판이 내미는 옐로카드와 레드카드는 언제 처음 등장했을까? 답은 1970년 멕시코 월드컵이다. 처음 이 아이디어를 낸 사람은 영국 출신의 축구 심판이자 체육교사로 활동하던 케네스 조지 애스턴이었다. 애스턴은 이전의 두 차례 월드컵에서 마음고생이 심했다. 1962년 칠레 월드컵에서는 월드컵 역사상 최악의 난투극이자 '산티아고 전쟁'이라고도 불린 칠레 대 이탈리아 경기에서 선수들을 뜯어말리느라 정신이 없었고 1966년 잉글랜드 월드컵에서는 잉글랜드 대 아르헨티나 경기에서 서로 다른 언어 문제로 힘겨워하며 퇴장 당한 아르헨티나 선수가 승부 조작을 주장해 축구계가 뒤집히기도 했다.

당시에는 경고 없이 바로 퇴장만을 내리던 시기였고 애스턴은 심판 생활이 힘들다고 생각하면서도 소통을 간단히 할 더 좋은 방법이 없을지 고민을 거듭했다. 그러던 중 그는 우연히 교통신호에 걸린 상태로 신호등의 노란불과 빨간불을 봤고 여기서 깨달음을 얻어 축구협회에 제안하기에 이른다. 이로써 경고가 필요할 때는 옐로카드, 옐로카드를 두 장째 받거나 심한 반칙을 저지를 시에는 레드카드를 내밀게 됐다. 덕분에 팬들도 카드의 색깔만으로 무슨 일이 벌어졌는지 알기가 쉬워졌다. 수십 년이 흘러 2018년부터는 선수뿐만이 아닌 벤치의 감독과 코치 등에게도 카드를 뽑아 들 수 있도록 확대됐다.

백태클과 팔꿈치 가격이 축구에서 강력히 금지된 지는 얼마 되지 않았다. 슬라이딩태클이 상대 선수의 발목이나 정강이로 잘못 들어갔을 때 당한 선수는 회복하기 어려운 부상에 놓일 위험이 있다. 더군다나 뒤에 눈이 달리지 않은 이상 백태클은 언제 어떻게 들어올지 모

팔꿈치 가격은 상당히 위험한 행동 중 하나다.

르고 피할 수도 없기에 더 치명적이다. 그런 이유로 1998년 프랑스 월드컵 때부터 백태클을 금지했다.

팔꿈치 가격은 2002년 한일 월드컵 대한민국 대 이탈리아 경기에서 이탈리아 선수들이 헤더 경합 도중 수시로 대한민국 선수들의 얼굴로 팔꿈치를 휘둘러 논란이 됐다. 팔꿈치는 무릎과 함께 사람의 몸에서 가장 단단한 부위 중 하나여서 종합격투기에서도 수직으로 내려찍는 팔꿈치 공격은 반칙일 만큼 위험하다. 이후 팔꿈치 가격은 2006년 독일 월드컵 때부터 금지됐다. 이 대회의 이탈리아 대 미국 경기에서 이탈리아 선수가 상대 팀 선수를 팔꿈치로 때리며 즉시 퇴장당하는 사례를 남겼다. 이탈리아의 거친 플레이로 인해 금지 규정을 만들었는데 같은 잘못을 또 저지른 셈이다.

어느 스포츠가 그렇듯 축구에서도 종종 심판 판정에 대한 불만이 일어난다. 심판은 엄정한 눈으로 판정을 내리지만 사람이 하는 일이다보니 간혹 실수도 벌어진다. 2010년대 들어서는 첨단 기술을 도입하면서 오심을 최대한 줄이고 정확한 판정을 내리고자 노력하고 있다. 규칙 변경이 엄격하고 보수적이기로 유명한 축구였으나 중계방송 기술의 발전 등으로 경기 후에도 문제 제기가 사라질 줄을 모르자 기계의 힘을 빌리기로 한 것이다. 이제는 정말 "오심도 경기의 일부"라는 표현은 옛말이 됐다.

그중 한 가지로 공이 골라인을 완전히 넘어 골이 됐는지 아닌지를 판단하는 호크아이가 있다. 공이 선을 넘었는지 넘지 않았는지를 두고 왈가왈부하는 일은 수십 년 전부터 이어졌다. 1966년 잉글랜드 월드컵 결승전 잉글랜드 대 서독 경기에서 연장전에 잉글랜드 선수가 슈팅한 공이 크로스바를 맞고 골라인 위에 애매하게 튕기며 골문 밖으로 나왔다. 이것이 결승골로 인정돼 잉글랜드가 우승을 차지한 일화가 있다. 호크아이는 주요 위치에 여러 각도로 카메라를 배치해 골대로 날아온 공의 최종 위치를 판단하는 시스템으로 2013-14 시즌 프리미어리그에 먼저 도입됐다가 2014년 브라질 월드컵에서도 사용되며 보편화의 길을 열었다.

2017년 대한민국 U-20 월드컵부터는 더 본격적으로 비디오 보조 심판, 즉 VAR(Video Assistant Referees)이 축구장에 들어왔다. VAR의 사용은 골을 인정할지 말지 여부, 페널티킥 선언 여부, 레드카드 판정 여부, 반칙을 누가 했는지 분명하지 않거나 카드를 다른 선수에게 잘못 줬을 경우 등 경기 과정과 결과에 큰 영향을 끼칠 시에만 실시하며 이는 모두 주심이 결정하게끔 되어 있다. 잦은 비디오 판독으로 경기 흐름이 끊어지는 일을 막고 감독과 선수의 항의나 판독 요청을 차단하며 경기를 매끄럽게 운영하기 위해서다. VAR은 2018년 러시아 월드컵 대한민국 대 독일 경기에서 후반 추가시간 대한민국의 선취골이 오프사이드인지 판독하는 데 쓰였고 이것이 골로 인정되면서 월드컵 역사상 극적인 한 장면을 만들어 냈다.

축구장에서 느끼는 직관의 즐거움

"TV 채널마다 가득한 저 먼 곳의 90분의 이야기는 전혀 와닿지 않아."

수원 삼성 블루윙즈의 서포터스가 부르는 응원가 중 한 부분이다. 텔레비전으로든 인터넷으로든 경기가 열리는 날이면 언제든 고화질 생중계를 볼 수 있는 시대다. 하지만 축구장으로 직접 찾아가 관전하는 '직관'에 맛을 들이는 순간 그 마력에서 쉽게 빠져나올 수 없다. 이는 축구뿐만 아니라 어느 스포츠와 공연, 예술도 마찬가지다.

중계방송으로 볼 때는 해설진과 자료 화면 그리고 다양한 각도로 찍는 카메라 덕분에 가만히 앉아 있어도 각종 정보를 바로 보고 들을 수 있다. 그러나 제한된 화면으로 보는 것은 2D라는 한계가 분명하다. 반면 축구장에서 경기를 직접 관전할 때는 오감이 모두 요동치는 3D, 아니 4DX 이상의 환경에서 즐거움을 온몸으로 맞이할 수 있다.

우리나라에서 텔레비전 중계는 모두의 관심이 집중되는 월드컵 정도의 빅 매치가 아닌 이상 경기 시작 5~10분 전부터 방송한다. 그러나 직접 축구장에 찾아갈 때는 다르다. K리그 축구단은 보통 경기 시작 두 시간 전에 매표소와 입장 통로를 열어 일찌감치 팬들을 맞이한다. 일찍 문이 열리는 만큼 중계방송과 달리 보고 즐길 수 있는 것들이 더 많다.

잔디밭에서만 해도 경기가 펼쳐지는 90분 외에 여러 가지 모습을 두 눈에 담을 수 있다. 양 선수단의 몸 풀기는 보통 경기 시작 30분 혹은 한 시간 전에 시작한다. 이때 전체적인 선수단의 분위기가 어떤지, 눈에 익은 선수 중 누구의 몸 상태가 좋은지도 흘끗 유추가 가능하다. 이를테면 선수들이 너 나 할 것 없이 여유로운 미소를 짓고 있는지를 본다든가, 슈팅 연습 시 각자 발끝이 날카롭고 집중력이 괜찮은지 바라보면서 잠시 후 경기가 어떻게 흘러갈지 살짝이나마 가늠해 보는 것이다.

일찍 관중석에 자리를 잡고 앉으면 새로운 광경도 눈에 들어온다. 몇몇 선수와 코칭스태프 등이 팀을 가리지 않고 잔디밭 가운데로 나와 서로 인사를 나누는 모습이다. 특히 팬들끼리는 서로 으르

축구장에 가면 경기 전 선수들이 몸을 푸는 모습도 살펴볼 수 있다.

렁거리기 바쁜 라이벌전을 앞두고도 선수들끼리는 같은 업에서 종사하는 선후배이자 동료이기에 친근하게 수다를 떠는 장면 또한 심심찮게 만날 수 있다. 이를 두고 일부 극성팬은 "보이는 데서 상대 팀 선수와 친하게 있지 말라" 하고 참견을 부리기도 한다.

구단들은 경기가 열리는 날이나 특별한 기념일마다 제각기 다른 주제의 이벤트를 준비한다. 6월 호국 보훈의 달에는 군인들을 초청하고 특별 밀리터리 유니폼을 선보이며 한여름 피서 철에는 축구를 더 시원하게 즐기도록 물놀이장을 열고 관중석으로 물대포를 쏘기도 한다. 이때 무엇을 어떻게 참여하는지에 따라 경품까지 얻어 갈 수 있다.

음식을 먹으며 경기를 관람하는 것도 가능하다. 축구장 앞으로 다양한 푸드 트럭이 들어서 있으며 좌석 등급에 따라서는 테이블 석에 치킨 한 마리를 기본으로 제공하는 곳도 있다. 구단에서 파는 음식이 아니더라도 K리그에서는 외부 음식 반입이 가능하기에 집에서 한가득 싸 들고 들어와 한 상 크게 자리를 펴는 방법도 있다. 가까운 잔디밭이나 냇가로 소풍을 나오듯 축구장에서 광활한 잔디를 내려다보며 외식을 즐기는 셈이다.

어디에 자리를 잡느냐에 따라서도 경기의 느낌이 확연히 달라진다. 좌석 위치마다 그곳을 이루는 구성원과 함께하는 역할이 다르기 때문이다.

보통 일반석은 동쪽 스탠드에 분포한다. 낮 경기의 경우 햇빛을 마주 하는 위치여서 저렴하게 운영한다. 전 좌석을 지정석으로 운영하는 곳도 더러 있으나 보통 일반석은 비지정석으로 두기 때문에 원하는 자리를 자유롭게 고를 수 있다. 잔디밭의 모든 공간이 잘 보이는 가운데서 편안히 앉아 관전하거나 치어리더를 대동한 구단의 응원에 즐겁게 호응할 수도 있다.

가만히 앉아서 구호를 따라 부르고 박수나 보내는 응원보다 박진감 넘치게 선수들과 함께 뛰는 기분을 느끼고 싶다면 골대 뒤 서포터석으로 가면 된다. 제일 저렴한 자리로 운영되는 만큼 가까운 골대는 잘 보여도 반대쪽 골대는 매우 멀리 느껴지는 곳이다. 자연

스레 선수들이 공을 잡는 것 하나하나에 집중하기보다는 같이 노래하고 깃발을 흔드는 응원에 취하게 된다. 양 팀이 동전 던지기로 진영을 정할 때 전반전에 상대 팀 서포터스가 있는 쪽, 후반전에 우리 팀 서포터스가 있는 쪽으로 공격하기를 선택하는 편이다. 경기 결과를 판가름할 후반전에 자신을 응원하는 팬들을 바라보며 전진하는 것이다.

본부석은 서포터석 및 일반석과 비교해 직관 시에만 느낄 수 있는 다양한 이점이 많은 공간이다. 그렇다 보니 가격이 훨씬 비싸다. K리그에서 일반석에서 1년 내내 홈경기를 즐길 수 있는 시즌티켓 가격이 보통 10~15만 원 사이로 책정되는데 본부석의 가장 값비싼 좌석은 단 한 경기 가격이 5~7만 원에 달하기도 한다. 해를 등지고 그늘에서 본다는 점 외에도 수많은 이점이 있다. 우선 선수단 벤치와 가까워서 감독과 교체 선수들을 가까이에서 볼 수 있다. 구단이나 축구장에 따라서는 더 넓고 편안한 좌석을 비롯해 테이블이 포함된 덕에 음식을 마음껏 펼쳐 놓고 먹을 수도 있다. 또 큰돈을 내고 들어온 만큼 기념품을 제공하거나 선수들과 함께하는 이벤트에 참여하게도 해 준다. 더욱 고가의 자리는 아예 방 하나를 내주고 고급 식음료를 제공하기도 한다. 이를 스카이박스라고 부르며 성공한 축구 팬의 로망 중 하나로 인식되는 자리다.

반면 남의 홈구장에 찾아와 팀을 응원하는 팬으로서는 이러한

골대 뒤 서포터석에서는 열렬한 응원과 함께 박진감 넘치게 경기를 즐길 수 있다.   ©장지원

혜택을 받기가 참 어렵다. 원정 팬들은 홈팀 서포터석과 반대쪽 골대 뒤 또는 대각선 구석으로 몰린 원정석에 찾아간다. 홈 팬들을 위한 자리와 비교하면 경기가 잘 보이지 않는 곳이다. 그런데 멀리서 어렵게 찾아왔으니 이기는 모습을 보고 돌아가겠다는 열망과 적지에서 힘겹게 겨룰 팀에 조금이라도 보탬이 되고자 하는 의지가 겹쳐서 홈에서보다 몇 배 더 목청을 높여 응원하게 만드는 데가 바로 원정석이다. 지고 가는 슬픔은 떠나온 거리와 비례해 더 크지만 반대로 이기고 가는 행복은 무엇과도 비교할 수 없이 클 것이다.

직관을 왔다면 경기 종료 후 바쁘게 집으로 떠나는 대신 선수단 버스가 있는 곳으로 이동해 보자. 보통 경기 후 한 시간 뒤면 뒷정리를 마친 선수들의 퇴근길을 만난다. 이때 사인을 받거나 사진을 찍는 등 그토록 바라던 팬 서비스를 받을 수 있다. 몇몇 팬의 경우 이때 선수에게 선물을 전하기도 한다. 다만 팬 서비스에 지나치게 목을 맨 나머지 선수들의 퇴근을 방해하거나 쫓아가는 행동은 자제해야 한다. 선수도 각자 사생활이 있으니 이를 존중해 줄 필요가 있다. 그날 못 받은 팬 서비스는 다음 경기 때 다시 청해도 된다.

이 밖에도 축구를 직접 보러 가는 즐거움은 개개인이 느끼는 포인트가 다 다르다. 응원하는 팀의 홈경기는 언제 열리든 꼭 가는 팬도 있고 전국을 일주하는 마음으로 국내의 모든 축구장을 한 번씩 다녀가겠다는 팬도 있다. 물론 꾸준히 이곳저곳 다니지 않더라도 경험에서 단 한 번의 희열을 느낄 기회는 얼마든지 존재한다. 기회가 될 때 가까운 축구장에 방문해 온몸으로 직관의 참맛을 느껴 보는 것은 어떨까.

축구팀은 왜 엄청난 부자일까?

축구 팬들은 주말마다 축구장에 가서 돈을 쓴다. 먼저 경기를 관람하고자 입장권을 사고 유니폼과 같이 구단의 엠블럼이 새겨진 옷이나 물건을 산다. 먹고 마시며 축구를 즐기기 위해 음식과 음료수도 산다. 경기를 보는 중에는 잔디밭 사방을 두르고 있는 광고에 자꾸 눈길이 가며 선수들이 입은 유니폼에도 각종 기업의 로고가 붙은 것이 보인다. 집으로 돌아와 해외 축구를 즐길 때면 텔레비전이나 휴대전화 등으로 생중계를 보고자 시청료를 낸다.

팬들이 돈을 쓰는 만큼 축구단은 돈을 번다. 축구단의 수입은 크게 세 가지로 나뉘는데 팬들을 축구장으로 불러 모아 벌어들이는 입장 수익, 기업의 이름과 메시지를 노출하며 얻는 광고 수익, 경기를 생중계로 내보내는 대가로 중계권 수익이 있다.

그렇다면 축구로 돈을 버는 일은 언제부터 가능했을까? 놀랍게도 근대 축구가 태어났을 무렵부터 일부러 돈을 내고 축구장에 들어와 남들이 하는 축구를 보러 오는 팬이 존재했다. 이 모습이 본격화된 시기는 잉글랜드 축구협회가 FA컵을 만든 때부터였다. 1872년 기업인 찰스 윌리엄 앨콕을 중심으로 창설한 FA컵은 세계에서 가장 먼저 생긴 축구 대회이자 지금도 열리고 있는 세계에서 제일 오래된 축구 대회다.

FA컵의 성공으로 축구를 통해 돈을 벌 수 있는 시대가 왔고 축구단에 수입이 생김은 물론 선수들에게도 경기를 뛰는 대가가 쥐어졌다. 물론 축구단마다 일정한 금액만큼 돈을 버는 데 한계가 있었다. FA컵은 사다리를 타듯 이기면 올라가고 지면 떨어지는 토너

세계 최초의 축구 대회인 FA컵의 우승 트로피.

먼트 방식이었다. 이를 본떠 연달아 만들어진 지역 축구 대회 역시 한 경기만 탈락해도 남은 기간 내내 손가락만 빨고 있어야 하는 잔인한 일정이었다.

이때 해결책을 낸 인물은 애스턴 빌라 FC를 운영하던 윌리엄 맥그리거다. 1888년 3월 맥그리거는 잉글랜드 중부 및 북부의 뛰어

난 축구단에 편지를 보냈고 그렇게 12개 팀이 모여서 세계 최초의 축구 리그 잉글리시 풋볼 리그가 문을 열었다.

맥그리거는 축구단들이 꾸준히 경기할 수 있는 방식을 고안했다. 12개 팀이 서로 돌아가면서 자기 팀의 홈구장으로 상대방을 초청하는 홈경기, 상대방의 홈구장에 방문하는 원정경기를 번갈아 하면서 총 22경기를 치르고 한 시즌 전체에서 가장 좋은 성적을 거둔 1등이 우승을 차지하는 것이었다. 순위를 정하는 몇몇 방법을 제외하고는 이 형태가 그대로 남아 지금의 유럽 및 전 세계의 축구 리그가 따르고 있다.

이는 각 축구단의 수익 상승에도 큰 영향을 미쳤다. 애스턴 빌라는 1889년 2000파운드에서 1899년 1만 3753파운드로 10년 사이에 수익이 껑충 뛰어올랐다. 구단에서 선수에게 주는 임금 또한 상승세를 거듭했다. 초기에는 주당 4파운드까지로 제한하는 상한선에 머물렀으나 1960년까지 주당 20파운드로 올랐고 이듬해인 1961년에는 축구선수 노동조합이 지속적인 요구 끝에 상한선이 폐지되면서 더 많은 돈을 받을 기회가 열렸다.

축구단을 배불리는 데에 결정적인 역할을 한 또 하나가 바로 텔레비전이다. 제2차 세계대전 이후와 1960년대를 거쳐 프로축구 리그 관중은 크게 늘었고 특히 FIFA 월드컵과 UEFA 유러피언컵(챔피언스리그의 전신)을 향한 관심 또한 더욱 높아지며 인기가 많은 대회로 성장했다. 텔레비전이 각 가정에 들여지며 안방에서 축구를 볼 수 있도록 일상이 달라진 덕분이었다.

처음에는 "텔레비전은 관중을 감소시킬 뿐"이라는 축구단 회장들의 우려가 있었다. 실제로 카메라에 찍히기를 거부하는 곳도 있었다. 집에서 텔레비전만 켜면 되니 굳이 경기장에 찾아오려 하지 않으리라는 예상에서였다. 하지만 오랜 시간이 걸리지 않아 이는 괜한 걱정임이 밝혀졌다. 텔레비전 생중계는 축구단과 축구 경기에 매우 큰 홍보 수단으로도 제 몫을 다했고 점차 시청자 수도 관중 수도 늘어나는 일석이조 효과를 가져다줬다.

풋볼 리그는 1964년 영국 공영방송 BBC와 경기 주요 장면을 방송하는 대가로 2만 파운드를 받는 계약을 맺었다. 시간이 흘러 1966년 잉글랜드 월드컵은 전 세계 4억 명이 시청했으며 유러피언 컵 등 유럽축구연맹이 여는 클럽 대항전에 참가할 때 중계권료로 큰 소득을 거둘 수 있다는 점 또한 확인했다. 이 과정에서 드디어 축구계는 상업화의 길에 제대로 발을 디뎌 갔다. 현재 잉글랜드 프리미어리그가 2022-23 시즌부터 2024-25 시즌까지 세 시즌 동안 계약한 중계권료의 총액은 무려 100억 5천만 파운드, 우리 돈으로 약 17조 6429억 원에 달한다. 매 시즌 프리미어리그 20개 팀이 중계권료로 받을 수 있는 액수만 평균 2900억 원이 넘는다.

세계적인 회계 전문 기업 딜로이트는 매년 '풋볼 머니 리그'라는

축구단은 기업 로고를 유니폼에 달고 기업으로부터 일정 비용을 받는다.

통계를 발표해 1위부터 20위까지 전 세계에서 수익이 가장 높은
축구단을 발표한다. 딜로이트에 따르면 2022-23 시즌 돈을 제일
많이 벌어들인 축구단은 레알 마드리드 CF로 8억 3140만 유로, 한
화로 1조 원이 넘는 수익을 올렸다. 20위에 자리한 올랭피크 드 마
르세유의 수익 2억 5840만 유로와 비교했을 때 약 네 배가량 높은
수치다.

2023년 딜로이트는 상위 20개 팀이 수익을 낸 곳의 비율을 정리
했는데 42퍼센트가 스폰서 상품 광고, 40퍼센트가 중계권료, 18퍼
센트가 경기 중 판매였다. 20개 축구단 중에서도 높은 위치에 있는

팀일수록 이 세 가지 수익 경로의 비율에 균형이 잡힌 것으로 나타났고 아래로 내려갈수록 특정 수익 모델(특히나 중계권료)에 크게 의존하는 모습이 보였다.

이는 곧 상위 20개 축구단 아래에 있는 곳은 재정 면에서 불균형이 더욱 심하다는 점 그리고 이로써 발생할 부익부 빈익빈, 즉 부자 구단은 계속 부자이고 가난한 구단은 계속 가난한 형태가 굳어지고 있음을 보여 주기도 한다. 이 흐름이 계속됐다가는 돈 많은 극소수의 팀들만 우승컵을 독차지하는 일이 발생할 수 있기에 골고루 함께 성장하는 방안이 여전히 고민되고 있다.

5장

이모저모
축구 이야기

인간의 도덕과 의무에 대해
내가 알고 있는 것은 모두 축구에서 배웠다.

-알베르 카뮈

인천 앞바다에서 시작된 우리나라 축구

우리나라에서도 아주 옛날부터 축구를 즐겼다. 『삼국유사』에 축국과 관련한 이런 기록이 있다. 김유신과 김춘추가 공을 가지고 놀다가 김춘추의 옷고름이 찢어졌는데 이를 김유신의 여동생 문희가 꿰매 줬다. 이 일로 문희는 훗날 김춘추의 아내가 됐다는 내용이다.

삼국시대뿐만 아니라 150여 년 전 근현대사를 관통하는 시절에도 축구가 유행했다. 근대 축구가 우리나라에 처음 전해진 건 1882년이다. 19세기 말에서 20세기 초 영국인들은 유럽, 남미, 아프리카, 아시아 등 전 세계로 뻗어 나가 축구를 전파했다.

그렇다고 그들이 축구를 널리 퍼뜨리기 위해 해외로 떠나온 것은 아니었다. 영국에서 이미 누구나 즐기는 운동 중 하나가 축구였으며 그들이 다른 나라로 와서도 여가를 위해 어디서든 하던 놀이가 축구였다. 경기 방법이 누구나 금방 이해할 만큼 간단했으니 확산 속도가 빠를 수밖에 없었다. 영국인들은 크리켓도 함께 즐겼는데 이 스포츠는 축구와 비교해 활동적이지 않고 규칙도 너무 복잡해서 인기를 끌지 못했다.

1882년 인천 제물포에 영국 군함 플라잉 피시호가 잠시 머무르는 일이 있었다. 1876년 일본과 강화도조약을 맺은 데 이어 1882년 미국, 1883년 영국 등과 수호 통상 조약을 체결해 점차 외국과 문호를 개방해 가던 무렵이었다. 플라잉 피시호는 연안 부두에서 공을 차며 선상 생활의 지루함을 달랬는데 호기심에 다가간 주민들에게도 축구를 가르쳐줬다. 이것이 한국 축구 역사의 시작이었다.

빠르게 시간이 흘러 축구는 서울로도 흘러 들어갔다. 1895년 5월 서울에 관립 외국어학교가 세워졌을 때 조선의 공놀이인 축국과 구분하고자 척구라는 이름으로 불렸다. 외국어학교 출신들이 모여서 대한척구구락부라는 축구단을 만들었는데 친러시아, 친일, 친청 등 서로 다른 이념으로 다투지 말고 축구를 매개로 화합하자는 뜻이 담겨 있었다.

우리나라 최초의 공개 축구 경기는 1905년 6월 서울 훈련원(오늘날 동대문디자인플라자)에서 열린 대한체육구락부 대 황성기독청년회간의 맞대결이었다. 이때 관중이 구름처럼 몰려들었으며 양팀 응원단의 기싸움도 상상을 초월했다고 한다.

우리나라에서 처음 열린 축구대회는 1921년 2월 펼쳐진 제1회 전조선축구대회이다. 대회 첫날부터 관중은 만원을 이루었으며 열기가 뜨겁다 못해 지나친 나머지 심판 판정을 인정하지 않고 불복해 기권으로 끝나는 경기도 있었다. 배재구락부 대 평양숭실구락부 간의 준결승전 또한 심판 판정 시비로 양 팀 응원단 간에 싸움이 일어나 우승 팀도 가려내지 못한 채 대회가 끝이 났다고 한다.

우리나라 최초의 더비 매치이자 라이벌전이라 할 만한 '경평전' 도 상상하기도 어려울 만큼 불타는 열기를 자랑했다. 경평전은 조선일보 주최로 열린 경성 팀과 평양 팀의 경평축구대항전을 뜻한다. 1929년에 처음 시작되었는데 1933년부터는 조선축구협회가 주최해 봄과 가을, 한 해에 두 차례씩 경성과 평양을 오가며 치르도록 체계를 갖췄다. 민중이 화합하며 조선의 역량을 과시하는 기회로 삼고자 한 경평전이었으나 판이 깔린 이상 양 팀의 라이벌 의식은 뜨거워질 따름이었다. 1933년 경평전 1차전에서 평양이 경성에 2:3으로 패하자 평양 시민들이 2차전을 응원하기 위해 온 가게가 문을 닫다시피하고 2만 관중이 몰려들 정도였다.

1935년에 열린 경평전에서는 심판 판정 시비가 지역감정으로 커졌고 양측 응원단이 충돌해 경기가 중단되는 사태까지 벌어졌다. 경평전은 단순히 경성과 평양을 넘어 경성을 비롯해 경기도와 충청도를 묶는 기호지방, 평양을 아울러 평안도와 자강도까지 합세한 서북지방 사이의 갈등이 부딪치는 대리전이기도 했다. 한마디로 앞서 소개한 엘 클라시코 못지않은 대결이 과거 우리나라에도 있었다는 것이다. 지금은 남과 북이 분단돼 서울과 평양의 축구단이 만날 수 없기에 열리지 못하는 점은 아쉬움으로 남아 있다.

일제강점기를 살아가던 우리나라 축구단들은 국내에서 열리는 전국 및 지역 대회 외에 일본에서 치러지는 전일본축구선수권대회에도 출전해 좋은 성적까지 거뒀다. 1926년 배재고보 팀이 출전한 것이 처음이었으며 1928년 평양의 숭실중학교 팀이 우승을 차지해 평양 전역과 더불어 한반도를 열광케 했다. 1회전 11:0 승, 2회전 6:0 승, 결승전 6:1 승을 기록하며 경기 결과도 압도적이었다. 돌아온 선수단을 환영하고자 평양에서는 10여 대의 자동차에 선수들을 태워 시내 한 바퀴를 도는 카퍼레이드까지 벌였다.

한 해 앞서 1927년 경성에서는 연희전문 팀이 와세다대학 팀을 4:0으로 꺾으며 세간을 깜짝 놀라게 했다. 와세다대학은 그해 9월 상하이에서 열린 제8회 극동올림픽에서 우승을 차지한 강호였다. 그러고는 기세등등하게 조선 축구단들과 총 세차례 경기를 치르기로 했는데 첫판을 대패해 버리자 당황했는지 남은 일정을 취소하고는 도망치듯 일본으로 돌아가고 말았다. 또 1935년에는 경성축구단이 전일본축구선수권대회에서 우승을 차지하며 또 다른 경사를 안겼다. 이런 소식들을 접하면서 우리나라 국민은 일본에게 지배당하는 설움을 잠시나마 잊을 수 있었다.

그러나 1942년 전조선축구대회를 비롯한 모든 스포츠 경기 역시 금지됐다. 일제가 태평양전쟁에 조선의 청년들을 투입하고자 근로동원과 군사훈련을 시키기 위해서였다. 그 이전에도 삼일절이 다가오는 날 벌어질 축구대회를 일본 경찰이 갑자기 해산을 명령하며 무산시킨 일도 있었다. 축구를 통해 우리나라 국민이 모이고 한 팀을 응원하면서 단결하는 것을 두려워했기 때문이었다.

이처럼 나라 없는 울분 속에서 오랜 역사 동안 축구는 계속됐다. 해방 후 1954년 스위스 월드컵에 처음 진출한 데 이어 1986년에서 2018년까지 월드컵 9회 연속 본선 진출을 달성하는 쾌거를 이루며 아시아의 축구 강국으로 성장했다. 국가대표는 물론 프로축구에서도 우리나라의 K리그가 2021년 현재 AFC 챔피언스리그 통산 12회 우승 6회 준우승을 거두며 아시아 최고의 자리를 유지 중이다. 인천 앞바다에서 굴러온 축구공에서 시작된 한국 축구의 역사가 앞으로 어느 정도의 높고 넓은 무대까지 기록할 수 있을지 궁금해진다.

우리 동네 축구팀이 프로축구단이 된다?

우리나라에서 사회인 야구단이 프로 팀이 되어 KBO리그에 들어가는 것은 불가능하나 조기 축구회가 프로구단이 되어 K리그에 참여할 가능성은 있다. 이 말이 무슨 뜻인지 알려면 미국 프로스포츠의 전형인 야구와 유럽 프로스포츠로 대표적인 축구의 결정적인 차이점이 무엇인지 짚고 넘어갈 필요가 있다. 쉽게 말하자면 일정한 구역을 몇몇 구단만이 독점할 수 있느냐 없느냐에 따라 달라진다.

야구는 '프랜차이즈(Franchise) 제도'라고 해서 특정 지역에 자리 잡기로 한 하나의 팀에게 리그 참여권을 준다. 새 구단을 창단해 리그에 가입하려면 까다로운 절차를 통과하고 가입금 등으로 약 100억 원이 넘는 돈을 사무국에 내야 한다. 그래서 북미 메이저리그와 우리나라 KBO리그는 프랜차이즈 제도를 통해 비교적 소수의 팀만을 받아들이며 재정 면에서 검증된 구단이 안정적으로 활동할 수 있게끔 하고 있다.

한편 축구는 지역을 독점할 권리를 주지 않고 비교적 간단한 절차로 구단을 창단하고 리그에 뛰어들 수가 있다. 세계적인 대도시 뉴욕에 야구단이 뉴욕 양키스와 뉴욕 메츠 두 팀밖에 없는 반면 영국 런던에는 프리미어리그 축구단만 대여섯 팀이나 되는 이유다. 그렇다고 원하는 팀들이 모두 한 무대에서 만나게 하자니 여러모로 벅차기 때문에 성적에 따라 1부 리그와 2부 리그 등으로 나누어 관리한다.

이는 전 세계 대부분의 축구 리그에서 쓰고 있는 방식으로 승강제, 다시 말해 승격과 강등으로 리그를 구성할 구단을 정하는 제도다. 1년간 리그를 치러 상위 리그에서 낮은 성적을 거둔 팀은 아래로 내려가고 하위 리그에서 높은 성적을 거둔 팀은 위로 올라가는 식이다. 축구 선진국들은 이런 팀 이동이 1, 2부에 그치지 않고 많게는 10부 리그 이상 연결돼 있다. 말 그대로 우리 동네 축구팀이 하위 리그에서 연달아 1, 2위를 거두면 매번 승격해 프로축구 최상위인 1부 리그까지 진출이 가능한 것이다.

오랜 역사 동안 수많은 축구단이 창단해 자리를 잡은 곳은 높은 무대에서 낮은 무대로 내려갈수록 그 자리에 더 많은 팀이 존재하며 피라미드와 같은 구조를 띠고 있다. 그래서 이와 같은 축구 리그

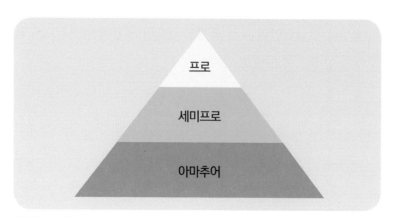

축구 리그는 상위 리그에서 하위 리그로 갈수록 팀 수가 많은 피라미드 구조를 띠고 있다.

체계를 풋볼 피라미드라고도 부른다. 나라별 협회에 따라 운영하는 방식은 제각각이지만 1~4부 리그는 연봉을 받는 프로, 그 밑에서 중간 지점을 맡는 리그는 뛴 경기마다 수당을 받는 세미프로, 더 아래는 순수 취미로 활동하는 아마추어로 나뉜다. 중간과 아래 단계는 구단 수가 많은 만큼 지역별로도 크고 작게 갈라 놓아 전국을 다니지 않고 정해진 곳 내에서 경기할 수 있도록 만들었다.

잉글랜드의 승강제 체제는 곳곳의 다른 풋볼 피라미드 중에서도 가장 오랜 역사와 규모를 자랑한다. 1888년 풋볼 리그를 시작한 이래 1892-93 시즌에 이미 2부 리그가 등장했고 2020년에는 무려 20부 리그까지 전국 구석구석 흩어져 있다. 프로축구단 수는 총 92개 팀에 달하며 아마추어까지 전체 축구단 수는 약 7000개 팀이 넘는다.

스페인과 독일 등도 이와 비슷한 피라미드 구조를 띤다. 라리가와 분데스리가 등 상위권은 전국 리그, 중위권은 4~5개로 단위가 넓은 권역 리그, 하위권은 각 주 또는 도마다 세세히 구성된 지역 리그로 갈라진다. 이때 잉글랜드 체계와 크게 다른 점 하나가 있는데 스페인과 독일 리그에는 20대 초반의 젊은 선수로 구성된 2군 또는 B팀이 하부 리그의 1군 혹은 A팀과 같은 무대에서 경쟁하는 게 가능하다는 사실이다. 잉글랜드에는 23세 이하 팀들만 따로 뛰는 리그가 있는 것과 대조적이다. 단 한 구단의 A팀과 B팀이 같은 리그에서 활동하지는 못해서 B팀이 우수한 성적을 갖추어도 A팀이 바로 위쪽 리그에 있으면 승격하지 못한다. 심지어 A팀이 강등될 때 B팀이 바로 아래 리그에 있다면 B팀도 한 단계 낮은 리그로 강등당하는 일이 생긴다.

이렇듯 승강제가 있기에 전 세계의 축구단은 언젠가 우리도 상위 리그로 올라가 최고의 자리에 오르겠다는 희망을 품을 수 있다. 그 영화 같은 꿈을 현실로 만든 축구단이 있었으니 잉글랜드의 레스터 시티다. 이전에도 1부와 2부를 오가는 평범한 중하위권 팀이던 레스터는 2007-08 시즌 3부 리그로 떨어진 바 있다. 그러나 바로 다음 시즌 우승에 성공하며 곧바로 2부에 복귀했고 2013-14 시즌 1위에 등극하며 1부 프리미어리그에 돌아오는 데 성공했다. 당시 레스터가 마지막으로 프리미어리그에 있던 해가 2004년이었으니 딱 10년 만에 그립던 1부 리그에 다시 안착한 셈이었다.

이후 클라우디오 라니에리 감독이 지휘봉을 잡으며 팀의 체질을 바꾸고 역습 중심의 맞춤 전술을 실전에 사용한 결과 쉽게 패배하지 않는 단단한 팀으로 거듭났다. 게다가 8부 리그 출신 공격수 제이미 바디를 비롯해 철저히 무명이거나 예전 명문 구단에서 쫓겨난 선수들이 잠재력을 터뜨리며 레스터는 2015-16 시즌 프리미어리그 우승을 차지한다.

시즌 시작 전 레스터의 우승을 예상한 확률은 5000분의 1에 불과했다. 이는 동전을 던졌을 때 앞면이나 뒷면이 아닌 옆면으로 설 확률과 비슷하다. 레스터의 우승으로 잉글랜드는 물론 전 세계에서 난리가 났고, "레스터가 우승하면 팬티만 입고 방송하겠다"라고 공언한 레스터 출신 전 축구선수이자 방송인 게리 리네커는 공약을 실제로 이행하기도 했다.

우리나라 K리그 승강제는 근대 축구가 처음 보급된 때보다 늦어도 한참 늦은 2020년 디비전 시스템을 정립해 교통정리를 마쳤다. K리그1~2는 프로리그가 되고 K3~4리그는 세미프로로 새로이 출범했다. 그 아래로는 아마추어 리그로 광역시도, 시군구 단위로 K5~7리그가 피라미드 형태로 이루어져 있다. 현재는 재정 등 자격 조건에 따라 1~2부 프로끼리, 3~4부 세미프로끼리, 5~7부 아마추어끼리만 승격과 강등이 가능하다.

우리나라에서 아래에서부터 차근차근 상위 리그로 올라간 사례로 수원 FC를 들 수 있다. 수원 FC는 2003년 창단할 무렵에는 수원시청 축구단이라는 이름으로 K리그 아래의 실업 축구 무대에서 뛰고 있었다. 그러다 2013년 K리그가 승강제를 도입하며 2부 리그인 K리그 챌린지(현 K리그2)를 만들자 프로화를 선언했으며 수원 FC로 이름도 바꿔 2부 원년 멤버로 입성하기에 이른다. 이어서 2015년에는 3위로 정규 리그를 마친 뒤 플레이오프를 거쳐 승격을 달성한다. 세미프로 격인 실업 축구에서 출발해 프로 2부를 지나 1부까지 오른 첫 사례여서 팬들의 주목도는 더 높았다.

그러나 레스터와 달리 수원 FC는 이듬해 K리그에서 12개 팀 중 12위로 최하위를 찍으며 1년 만에 2부 리그로 다시 강등되고 말았다. 이후 5년이 지나 2020년 다시금 가장 상위 리그로 한 걸음 올라선 상태다.

축구장 밖에서도 유니폼을 입는 사람들

축구장에서는 자기가 응원하는 팀의 유니폼을 입은 팬들을 심심찮게 볼 수 있다. 마치 약속이라도 한 듯 똑같은 색깔로 유니폼을 챙긴 팬들이 관중석을 가득 채우면 그 팀의 빛깔로 수놓은 그림이 완성된다. 축구에서 유니폼은 이렇게 단순한 운동복을 넘어 수천 수만 명의 팬들이 하나가 되게끔 하는 매개로 작동한다.

본래 유니폼은 일하는 곳에서 착용하는 제복을 뜻하며 경찰관이나 소방관 그리고 비행기 승무원 등이 흔히 착용한다. 회사에서 정한 규정에 맞춰 옷을 갖추면서 그곳만의 상징으로 온몸을 꾸며 공동체 의식을 드높이는 것이다. 축구 등 스포츠에서는 유니폼보다는 저지, 킷 또는 셔츠라는 말이 주로 쓰인다.

유니폼이 처음 탄생한 목적은 잔디밭에서 양 팀이 서로 헷갈릴

일을 없애기 위해서였다. 이 때문에 서로 완전히 갈리는 두 가지 색깔로 나눠 입은 게 시작이었다. 그러나 곧 이 색깔은 그저 상대방과 구별하기 위한 수단이 아니라 팀 또는 나라만의 정체성을 자랑하는 역할로도 활용되기 시작했다.

예를 들어 국가대표팀 유니폼은 각 나라의 국기 색깔에서 영감을 받아 만들어지는 경우가 많다. 대한민국 유니폼 역시 상의는 붉은색 하의는 푸른색을 써서 태극기의 태극 문양을 연상시킨다. 크로아티아 유니폼 또한 국기 가운데 달린 문양을 고스란히 가져와 빨강, 하양 체크무늬로 꾸미고 있다. 프로축구단도 마찬가지여서 이를테면 FC 바르셀로나와 아틀레틱 빌바오 역시 각 팀의 연고지인 카탈루냐와 바스크 지역을 상징하는 깃발에서 색깔과 무늬를 가져와 유니폼을 만든다.

국기를 따르는 대신 나라나 지역을 상징하는 다른 무언가에서 가져와 유니폼의 색깔로 쓰기도 한다. 이탈리아는 국기의 녹색, 흰색, 빨간색을 쓰는 대신 파란색을 사용하는데 이는 19세기에 이탈리아를 통일한 사보이아 왕가를 상징하는 색이자 이탈리아반도를 삼면으로 감싸는 지중해를 뜻하는 색이다. 그래서 이탈리아 국가대표팀을 아주리(Azzurri, 파란색을 뜻하는 이탈리아어) 군단이라고도 부른다.

깃발과 별개로 지역을 떠올리게 하는 색깔로 유니폼을 맞추는

사보이아 왕가의 상징색을 유니폼에 사용한 이탈리아 국가대표팀.

일은 프로축구단에서 더 많이 엿보인다. 리버풀 FC는 본래 색깔인 붉은색 외에 옥색을 일부 사용하는데 이는 시내 중심가에 설치된 라이버 버드(Liver Bird) 동상의 색을 빌려온 것이다. 대구 FC 역시 대구광역시 상징물에는 없는 하늘색인데 무더위로 유명한 대구의 맑고 푸른 하늘의 색을 사용한 것이다.

기능성 스포츠 의류가 발전하지 않은 초창기 유니폼은 간단한 색깔과 무늬만으로 짜인 면 티셔츠에 불과했고 지금처럼 엠블럼이나 스폰서 등도 달리지 않았다. 팬들에게 따로 판매하지도 않았음은 물론이다. 그저 비슷한 색 티셔츠를 입으면 되니 굳이 구단에서 옷까지 만들어 판매할 필요성은 느끼지 못했는지도 모른다.

리버풀 시내 중심가에 설치된 라이버 버드.

    이런 생각이 달라지기 시작한 해는 1973년이었다. 잉글랜드 풋볼 리그의 리즈 유나이티드는 스포츠용품 기업 어드미럴과 유니폼 생산 계약을 체결했고 어드미럴은 디자인 저작권법을 통해 다른 곳에서 이를 복제해 사용할 수 없도록 했다. 그러고는 유니폼을 어린이용으로 먼저 판매하기 시작했으며 성인용은 1977년에야 선보였다. 그러나 이는 유니폼과 비슷한 디자인과 색깔의 티셔츠였지 팀의 엠블럼은 달리지 않았다.

    그러나 최초로 사진으로 담긴 축구 팬이 유니폼을 입은 모습은 이때보다 훨씬 이른 1974년이었다. FA컵 결승전이 열린 웸블리 스타디움 관중석에서 팀을 응원할 때 찍힌 장면이었다. 장발의 두 남성은 환하게 웃으며 뉴캐슬 유나이티드의 엠블럼이 새겨진 흰색과 검은색 줄무늬 긴팔 티셔츠를 입고 있었다. 하지만 앞서 말했듯 당시에는 어느 팀도 유니폼을 따로 판매하지 않던 때였다. 뉴캐슬 팬이 별도로 손수 제작해 입은 옷이었던 것이다. 이름 모를 두 사람은 현재의 축구 유니폼 문화에 단연 선구자로 남아 있다.

이후 1982년 월드컵을 앞둔 잉글랜드 대표팀의 유니폼이 성인용으로도 대량 생산됐다. 본격적으로 각종 축구 유니폼을 판매한 시기는 뉴캐슬 팬들의 예시보다 10여 년 늦은 1980년대 후반부터였다. 이때 선수들이 입는 것과 비슷한 복제품을 판다는 의미로 레플리카(Replica)라 불렀는데 지금도 레플리카는 팬들에게 판매하는 축구 유니폼을 통칭하는 이름 중 하나로 쓰이고 있다.

선수들이 직접 입는 용도의 유니폼은 어센틱(Authentic)이라 하며 시중에 파는 어센틱은 플레이어 이슈드(Player issued), 선수들에게 지급돼 라커룸까지 들어간 어센틱은 매치 이슈드(Match Issued)로 더 세분화한다. 매치 이슈드 중에서도 실제로 선수가 입고 뛴 옷은 매치 원(Match Worn)이라는 이름이 붙으며 아주 가끔 시장에 나와서는 레플리카와는 비교가 안 되게 비싼 가격으로 판매된다. 인기 있는 축구 스타가 경기에서 뛰고 구른 흔적이 가득 밴 세상에 둘도 없는 유니폼이기에 가치가 더욱 크게 느껴짐은 당연하다.

수십 년의 세월이 흘러 축구 유니폼은 기능과 디자인 면에서도 크게 발달했으며 이제는 축구장에서뿐만 아니라 거리에서도 종종 유니폼을 입고 돌아다니는 사람들 또한 만날 수 있다. 유니폼을 구매하는 마니아 중에서는 자신이 응원하는 팀의 옷만이 아니라 형형색색의 다양한 축구단 유니폼을 골라 모으기도 한다. 각종 예쁜 유니폼을 자신만의 패션으로 녹여 내기 위해서다.

디자인만으로 최고의 인기를 달린 유니폼은 나이지리아 대표팀의 2018-19 시즌 홈 유니폼이다. 2018년 러시아 월드컵 출전을 앞두고 발표된 이 유니폼은 '슈퍼 이글스'라는 별명에 어울리게 독수리의 역동성을 가져오면서 형광 녹색의 지그재그 패턴으로 옷 전체를 휘감았다. 이토록 독특한 나이지리아 대표팀 유니폼은 판매를 개시하자마자 온라인에서는 3분 만에, 오프라인에서는 세 시간 만에 모두 팔리며 전 세계의 축구 팬과 패션 피플이 다 같이 탐낸 옷이 됐다.

최근에는 새로움(New)과 복고(Retro)를 합친 뉴트로(New-tro)가 유행하면서 축구 유니폼 또한 이 물결에 합류했다. 뉴트로는 고대의 문화나 물건 등을 새롭게 즐기는 일을 뜻한다. 그래서 10년 혹은 20년도 더 된 중고 유니폼을 비싼 값에 구매해 자신의 패션 아이템으로 활용하는 사례도 늘고 있다.

특히 눈길을 사로잡는 옷들로는 스타 플레이어의 번호와 이름이 박혀 빛을 내는 유니폼, 그때만의 독특한 무늬와 그림으로 멋스

러움을 더한 유니폼, 드라마틱한 우승 등 과거의 찬란한 역사가 녹아들어 의미가 가득한 유니폼 등이 있다. 이렇게 축구 팬들은 옛날 유니폼을 모으며 축구 문화유산으로써 아끼고 간직한다.

이런 클래식 저지를 다루는 전문 매장이 우리나라에도 생기고 있으며 해외에서 직접 구매하는 해외 직구를 통해 이제는 어렵지 않게 단종된 유니폼을 구하는 것이 가능해졌다. 물론 오래되고 인기가 많은 유니폼일수록 가격은 상상 초월이라 쉽게 사기가 망설여지기도 한다. 그러나 이런 옷들이 지금 이 순간에도 축구 팬들의 마음을 가득 설레게 하고 있는 것은 분명하다.

박지성의 나라는 개고기를 먹지?

Park, Park

where ever you may be

you eat dogs in your country

It could be worse, you could be scouse

eating rats in your council house

박지성, 박지성

네가 어디 있든지

네 나라에서는 개를 먹지

네가 스카우저라면 더 최악일 거야

공영주택에서 쥐를 잡아먹으니까

전 대한민국 국가대표 박지성이 맨체스터 유나이티드에서 활약할 때 그가 뛴 홈구장에 울려 퍼진 노래다. 우리나라에서는 개를 먹는다는 문제의 가사가 담긴 응원가로 리버풀 사람을 뜻하는 스카우저를 조롱하는 지역 비하까지 들어 있다. 설상가상으로 영국 언론 데일리메일은 최고의 응원가로 이 개고기 송을 꼽기도 했다.

축구 응원가는 신나는 멜로디로 여러 사람이 합창해 축구장의 분위기를 더욱 끌어올리는가 하면 이처럼 몇 가지 논란의 여지를 주는 가사로 문제를 키우는 경우도 있다. 다행히 토트넘 홋스퍼에서 뛰는 손흥민에게 불러 주는 응원가는 그런 군더더기 없이 깔끔하다.

Nice one Sonny	잘했어 손흥민
Nice one Son	잘했어 손
Nice one Sonny	잘했어 손흥민
Let's have another one	한 번 더 넣자

손흥민의 별명인 'Sonny'와 손흥민의 성이자 아들 또는 젊은이 등을 뜻하는 'Son'을 합해 간단하고도 재미있게 만들어진 노래다. 원곡은 1973년에 코크럴 코러스가 발매한 〈Nice One Cyril〉이며 당시 토트넘의 왼쪽 수비수로 활약한 시릴 놀스를 위해 만든 응원

가였다.

응원가는 앞선 예처럼 응원을 위해 따로 만들기도 하지만 당대 인기곡의 가사를 바꿔 부르는게 더 보편적이다. 수만 명이 모이는 축구장에서 한목소리로 노래하기가 쉬운 일은 아니다. 별다른 반주조차 틀지 못하는 곳에서 저마다 목소리를 내기에 바쁜 팬들도 집중시키고 흥미를 돋워 같이 부르게끔 유도해야 한다. 이때 너무 생소한 노래보다는 대중에게 익숙한 멜로디에 쉬운 가사로 부르는 편이 아무래도 여기저기로 퍼져 나가기에 훨씬 유리하다.

비틀스의 노래 또한 축구장에서 응원가로 많이 불린다. 1960년 대와 1970년에 활동해 지금까지도 세계 최고 록밴드의 자리를 지키

응원가는 주로 대중에게 익숙한 멜로디와 쉬운 가사를 사용한다.

고 있으니 더욱 그럴 법하다. 여러 노래 중에서도 주로 활용되는 건 〈Yellow Submarine〉과 〈Hey Jude〉를 들 수 있다. 비틀스의 다른 노래보다도 멜로디가 쉬우면서도 입과 귀에 쏙쏙 박히는 덕분이었다.

가톨릭과 개신교 등 기독교 문화권의 중심인 유럽과 남미에서 축구가 발전했으니 성당과 교회에서 불리는 찬송가가 축구장에서 응원가로도 쓰이는 건 어쩌면 당연한 일인지도 모른다. 그중에서도 여기저기서 널리 불리는 곡이 〈When The Saints Go Marching In〉 〈Glory Glory Hallelujah〉가 있다.

이 두 곡은 역사 속에서 행진곡으로써도 많이 쓰였기에 공을 쫓아 잔디밭을 달려가는 선수들을 위해서도 안성맞춤이었다. 그렇다 보니 해당 언어권에서는 원래 가사를 많이 바꿀 필요도 없이 응원하는 축구단의 이름을 넣는 등 일부분만 달리해 부르기도 한다. 그 가운데서도 〈Glory Glory Man United〉가 축구 팬 사이에서 꽤 유명하다.

유럽에서는 비교적 간단한 북소리 정도로 박자를 맞추고 짧은 가사를 반복해 부를 때 남미에서는 흥을 더욱 강조해 큰북과 작은북은 물론 심벌즈에 트럼펫까지 동원하면서 길게 개사한 응원가를 거뜬히 소화한다. 이런 악기 조합과 공연 팀을 무르가(Murga)와 라 반다(La banda)라고 부르고 이와 같은 남미식 응원 문화를 인차(Hincha) 혹은 인차다(Hinchada)라 일컫는다.

인차 응원에서 제일 유명한 응원가를 집자면 〈Y Dale Alegría A Mi Corazón〉가 있다. 아르헨티나의 민중가수 메르세데스 소사가 독재 정권에 저항하고 희망의 메시지를 전하며 부른 노래이자 아르헨티나 대중음악의 아이콘 피토 파에스가 리메이크해 더 유명해진 곡이다.

이 곡은 엘 수페르클라시코 라이벌 관계인 리버 플레이트와 보카 주니어스가 동시에 쓰고 있으며 이들뿐만 아니라 남미 곳곳에서 응원가로 두루 불린다. 2019년 코파 리베르타도레스 결승전 개막식 공연 무대에서 파에스 등이 이 곡을 함께 부르기도 했다.

우리나라에는 유럽과 남미 모두의 영향을 받아 응원가가 모이고 섞여 일반 대중에게는 다소 생소한 멜로디와 가사로 응원을 이어 가는 서포터스가 많다. 이를테면 이탈리아의 반파시즘 저항군이 부른 노래나 최신 팝송 등의 멜로디에 가사는 프랑스어, 스페인어 등을 섞어서 부르는 식이다. 이 때문에 몇몇 축구 팬은 아무도 모르는 노래에 자기들만 아는 가사를 붙이니 함께 부르기 힘들다며 어려움을 토로한다.

그렇다고 K리그에서 모든 응원가를 꼭 이름 모를 외국 곡만으로 부르지는 않는다. 우리나라 대중가요를 개사해서 응원가로 사용하기도 한다. 그중에는 최근 인디밴드의 노래부터 널리 불리는 명곡까지 다양하게 있다.

K리그 팬들에게서 가장 유명하기로는 울산 현대 축구단의 응원
가 〈잘있어요〉를 꼽을 만하다. 원곡은 1973년 가수 이현이 발표한
동명의 곡으로 1970년대와 1980년대를 가로지르는 히트송이었다.
울산 팬들은 이 노래를 개사하여 "잘 가세요 잘 가세요 그 한마디
였었네 / 잘 가세요 잘 가세요 인사만 했었네"를 경기 종료 직전 이
기고 있을 때 부르며 자신의 승리를 자축하고 상대방의 약을 바싹
올린다. 원정에서 이길 시에는 '잘 가세요' 대신 '잘 있어요'로 바꿔
부르며 얄미운 작별인사를 잊지 않는다. 워낙에 마력 있는 곡이라
단단히 벼르던 상대 팬들은 울산을 상대하며 승리가 눈앞에 있을
때 반대로 이 노래를 울산 팬들에게 전해 주면서 재미있는 광경을
연출하기도 한다.

지난 2019년 9월 세계 최고의 선수를 뽑는 '더 베스트 FIFA 풋볼 어워드'가 이탈리아 밀라노에서 열렸다. 이 시상식에서 올해의 남자 선수는 FC 바르셀로나에서 뛰는 리오넬 메시, 올해의 여자 선수는 레인 FC 소속의 메건 라피노가 선정됐다. 미국 여자축구 국가대표팀의 미드필더이자 주장으로 활약하며 2019년 프랑스 여자 월드컵을 우승으로 이끈 공로를 인정받아서였다.

시상대에 선 라피노는 "가족, 친구들과 우리를 위대한 위치까지 올려 준 질 엘리스 미국 대표팀 감독 및 코칭스태프에게 감사하다"고 밝혔다. 여기까지는 평범한 수상 소감이었다. 이어서 그는 맨체스터 시티의 라힘 스털링과 SSC 나폴리의 칼리두 쿨리발리를 언급했다. 흑인 선수로서 인종차별에 적극적으로 대항한 데서 큰 영향을 받았기 때문이었다.

"그들은 우리가 뛰는 필드에서 인종차별을 맞닥뜨렸을 때 어떻게 대처해야 하는지를 놀라운 모습으로 보여줬다. 만약 정말로 의미 있는 변화를 원한다면 그런 모욕을 당했을 때 그들처럼 다른 모든 사람 역시 분노해야 한다고 생각한다. 성소수자 선수들처럼 모두가 동성애 혐오를 비판하고 여자축구의 임금 차별과 소극적인 투자에 목소리를 높일 때 그것은 가장 의미 있는 일이 될 것이다."

라피노는 2019년 프랑스 여자 월드컵 최우수선수와 득점왕을 동시에 거머쥐어 여자축구 최정상에 선 선수이자 양성평등과 성소수자 평등을 주제로 자신의 주장을 활발하게 펼치는 활동가로서 살아가고 있다. 라피노는 2012년 레즈비언임을 밝혔고 2017년 미국 여자 프로농구 WNBA의 스타 수 버드는 자신이 라피노의 애인이라 커밍아웃하면서 스포츠스타 동성 커플임을 만천하에 공개했다.

영국 BBC는 라피노를 언급하며 "핑크 머리를 하고 백악관의 초대에 응하지 않는 선수라고만 단정 지으면 안 된다. 라피노는 스포츠를 활용해 인종과 젠더의 평등을 위해 앞장서서 싸우는 활동가"라고 정리했다.

라피노가 한 여러 발언 가운데 세간을 가장 뜨겁게 달구는 주제는 남자축구와 여자축구의 임금 차별이다. 라피노는 "양성평등을 향해 옳은 걸음을 걷기를 원한다"면서 "특히 여자 스포츠는 오랜 기간 투자가 부족했었기에 지금 상황에서 남자 스포츠와 비교하는 것은 불공평하다. 고른 투자를 받기 전까지는 텔레비전 시청률과 수익 창출 규모를 논하는 것 또한 무의미하다"라고 주장했다.

메건 라피노는 축구선수이자 인권운동가로 활발히 활동하고 있다.

여자 스포츠를 지원하는 금액이 부족해서 발전이 더뎠으므로 남자 스포츠만큼 시장을 키워 낸 뒤에 서로 경쟁력과 가치를 비교해야 옳다는 논리다. 이어서 그는 "여자 선수들이 뒤떨어져 있음을 당연히 여겨서는 안 된다. 더 많은 것을 추구하기 위해 항상 노력해야 하며 구시대의 인식과도 맞서 싸워야 한다"라고 강조했다.

메건 라피노를 비롯한 미국 여자 국가대표팀이 남자 대표팀과 동일 임금을 주장하는 데에는 나름의 이유가 있다. 2016년부터 2018년까지 국가대표 경기로 벌어들인 수익이 여자 대표팀은 약 5080만 달러로 남자 대표팀의 수익 4900여만 달러를 넘어섰기 때문이다. 또 여자 대표팀은 역대 월드컵에서 통산 4회 우승을 기록하며 최다 우승국의 지위를 지킨 한편 남자 대표팀은 1930년 3위 이후 매번 16강과 8강 사이를 오가기만 한다는 문제도 있다.

그런데도 여자 대표팀 선수들은 평균 수당을 겨우 남자 선수들의 38퍼센트밖에 받지 못했다. 같은 대표팀인데도 시설이 좋은 경기장을 쓰는 데서 후순위로 밀렸으며, 이동 시 비행기를 탈 때도 전용기를 타야 하는지 아닌지 논란이 일었다. 세계대회에서 내는 성적도 낮고 돈도 더 벌어 주는데 돌아오는 결과와 보상은 아쉬울 만하다.

이이 대해 지속적으로 목소리를 높인 결과 미국축구연맹은 2017년 4월부터 새로운 계약을 적용하기로 했다. 양 대표팀이 각각 20경기씩 치를 때 여자 대표팀은 남자 대표팀 수당의 89퍼센트 정도를 받게끔 차이가 좁혀진 것이다. 이때 두 팀 모두 20경기를 전부 졌을 때는 승리 수당 등의 차이가 사라지며 완전히 동일 임금을 가져가게 된다.

성소수자 문제에서도 메건 라피노가 당당하게 자신이 레즈비언임을 밝히고 젠더 이슈로 목소리를 높인 덕분에 여자 대표팀의 사기 또한 덩달아 끌어올리는 효과를 안겼다. 2019년 프랑스 여자 월드컵 당시 20세의 대표팀 막내 티에르나 데이비슨은 라피노가 커밍아웃했을 때 13세였다. 그는 어릴 적에 바라본 롤 모델이 라피노였음을 회상하며 "저토록 용기 있게 자신을 이야기하는 장면을 보고 나도 할 수 있다고 생각했다"고 밝혔다.

라피노는 사회문제를 두고 정치권을 향해서도 강하게 주장을 펼치고 있다. 결국 불평등과 차별을 근본부터 바꿀 수 있는 주체는 국가 전체의 시스템을 다루는 정치와 행정에 있기 때문이다. 2016년 9월에는 대표팀 경기 날 국가 제창 중 자리에 서서 국가를 부르는 대신 인종차별 반대에 동참하는 의미로 한쪽 무릎을 굽히고 앉은 채 입을 꾹 닫았다. 트럼프 대통령을 포함한 보수 진영에서 비난을 쏟아 내자 "월드컵에서 우승하더라도 백악관에는 가지 않을 것"이라고도 말했다. 2019년 FIFA 여자 월드컵 우승 이후 미국 뉴스 채널 CNN과 인터뷰에서 다음과 같이 트럼프 대통령을 비판했다.

"당신의 메시지는 사람들을 배제하고 있다. 나를 배제하고 나와 같은 사람들을 배제하며 백인이 아닌 사람들을 배제하면서 어쩌면 당신의 지지자조차도 배제하고 있다. 당신은 이 나라의 리더로서 이 나라의 모든 사람을 책임져야 한다. 모두를 위해 일해라."

라피노가 굽히지 않는 거센 주장들은 몇몇 팬의 반감을 사기도 한다. 이런 감정 탓에 최근 애꿎은 피해를 입은 쪽이 스포츠 브랜드 나이키였다. 나이키는 2019년 여름 라피노 등 여자 대표팀 선수단을 모델로 한 신규 옥외광고를 내걸었는데 여기에 일부 안티팬들이 혐오적 발언을 담아 낙서를 남겨 문제가 됐다. 경찰은 이를 혐오범죄로 보고 사건 조사에 들어갔으며 훼손된 광고판은 교체를 위해 제거됐다.

라피노가 주장하는 내용이 어쩌면 너무 급진적이고 극단적이며 이상주의를 띠고 있기에 받아들이기 어렵다는 목소리도 여럿 있다. 하지만 무엇이건 간에 꿈이 없으면 아무것도 이뤄지지 않으며 꿈은 행동으로써 현실이 된다. 라피노는 비록 거칠어 보일지언정 자신만의 목소리로 남들이 가지 않는 힘든 길을 가면서 2023년 선수 은퇴 후에도 언제 그 꿈대로 달라질지 알 수 없는 현재에 여전한 진동을 일으키고 있다.

라이벌끼리 화합해 우승을 거둔 스페인

국가대표팀은 다른 나라와 하는 교류나 운동경기 등에서 국가를 대표해 나가는 팀을 뜻한다. 다른 종목이나 행사에서 국가대표는 몇 년 단위로 잠깐 열리는 세계대회에 출전하고자 잠시 모였다가 흩어지곤 하는데 축구는 약간 다르다. 월드컵 등 국제 메이저 대회에 진출하기 위한 예선전 외에 친선경기 또는 평가전이라는 이름으로 일정을 주기적으로 잡아 국가대표팀 경기가 꾸준히 열리게끔 하고 있다. 이 때문에 축구에서 국가대표팀은 단순히 프로선수들이 잠깐 모인 연합팀 정도가 아니라 그들만의 또 다른 색깔이 있는 별개의 팀이라 느껴지기도 한다.

그 나라에서 가장 축구를 잘하는 선수 중에서도 고르고 골라 딱 11명만 선발 라인업에 이름을 올릴 수 있는 자리가 국가대표다. 각

나라가 배경과 사정이 다른 만큼 국가대표팀이 모이는 형태도 저마다 차이를 보인다. 예를 들어 독일은 분데스리가 최강 팀인 바이에른 뮌헨의 독일 국적 선수를 중심으로 하여 보루시아 도르트문트 등 분데스리가 상위권 팀 소속 선수가 들어가는가 하면 잉글랜드는 맨체스터 시티, 맨체스터 유나이티드, 리버풀, 에버턴, 토트넘, 첼시, 아스널 등 여러 강팀 출신 선수가 골고루 선발된다. 브라질이나 아르헨티나처럼 주전 대부분이 해외 리그 소속이고 자국에서 뛰는 선수가 극히 적은 경우도 있다.

국가대표팀에서 성패를 결정하는 방향은 이렇듯 곳곳에서 모인 각각의 슈퍼스타를 어떻게 하나로 뭉치게 하느냐에 달렸다. 톱니바퀴 하나하나가 잘 어우러져 최소 준결승에는 꼬박꼬박 진출하는 강팀이 될 수도 있고 앙숙끼리 대표팀에서 만나 전혀 화합하지 못하고 불협화음만 일으킬 수도 있다. 물론 대표팀을 어떻게 운영하는지에 따라 사이가 나쁘던 팀이 좋은 팀으로 거듭날 수도 있고 잘나가던 팀이 돌이킬 수 없을 정도로 망가지기도 한다. 대표적인 사례로 스페인과 프랑스가 있다.

스페인은 예전부터 '무적함대'라는 별명으로 불리며 축구계의 강호로 손꼽혔다. 무적함대는 16세기 지중해는 물론 대서양까지 진출한 스페인 해군의 함대를 가리키는 별명이었다. 역사상 무적함대가 말 그대로 완전한 무적이 아니었듯 스페인 축구 국가대표팀 역시 마찬가지였다. 2000년대 중반까지 스페인은 월드컵이든 유로든 예선은 10전 전승에 가깝게 압도적인 성적으로 늘 우승 후보로 떠올랐으나 본선만 가면 약점을 하나둘씩 드러내며 16강 또는 8강쯤에서 탈락했다. 우리나라와 승부차기 끝에 패배한 2002년 한일 월드컵 8강전도 그랬다.

이유는 크게 두 가지로 나뉜다. 하나는 대표팀의 중심인 두 축구단 레알 마드리드와 FC 바르셀로나 출신 선수들의 숨길 수 없는 라이벌 관계에서, 다른 하나는 국내 리그 팀들이 서로 경쟁하며 외국인 공격수에 의존한 나머지 대표팀에서 경쟁할 만한 골잡이는 확보하지 못한 데서 문제가 보였다.

©Wikipedia, CC BY-SA 2.0

스페인 국가대표팀은 주로 레알 마드리드와 FC 바르셀로나 출신 선수들로 구성되어 있다.

이 악순환을 끊은 이는 루이스 아라고네스 감독이었다. 라리가 무대에서 30년 이상 지도자 경력을 쌓은 베테랑 감독인 그는 재능 있는 젊은 선수를 두루 등용했다. 신체적 능력은 부족해도 기술이 뛰어난 선수를 적절히 사용하며 지금의 스페인 하면 떠오르는 아기자기한 스타일의 기틀을 마련했다. 그래서 전통적인 공격수 역할 외에도 활동량과 연계 능력을 두루 지닌 페르난도 토레스와 다비드 비야를 택했고 체구가 작아도 공을 다루는 기술과 축구 지능이 뛰어난 차비 에르난데스와 안드레스 이니에스타를 적극 활용했다.

무엇보다도 아라고네스 감독은 할아버지 같은 친근하고도 따뜻한 리더십으로 그간 딱딱하게 굳어 있던 대표팀의 분위기를 편안

하게 녹이며 차츰 팀을 하나로 뭉치게 했다. 강하게 집중해야 하는 훈련 속에서도 웃음소리가 끊이지 않은 것은 틈틈이 발휘되는 아라고네스 감독의 유머 감각 덕분이었다.

이 과정을 통해 스페인은 그간 드러내지 못하던 잠재성을 하나둘씩 터뜨리며 나아갔고 마침내 유로 2008 결승전에서 독일을 상

루이스 아라고네스 감독에 이어 스페인 국가대표팀을 성공적으로 이끈 비센테 델 보스케 감독.

대로 1:0 승리를 거둬 우승까지 차지했다. 무려 44년 만에 유럽 챔피언 자리를 되찾는 순간이었다.

　루이스 아라고네스의 뒤를 이은 비센테 델 보스케 감독 역시 아라고네스 못지않은 아버지 리더십으로 따뜻하게 스페인의 스타플레이어들을 다독였다. 그 또한 선수 시절 레알 마드리드의 전설로 기억되는 인물이었지만 잔소리 대신에 말없이 토닥이면서 응원해주고 전술, 전략이나 팀 운영 역시 선수들에게 의견을 듣길 마다하지 않았다. 동시에 필요할 때는 그만의 카리스마를 발휘하며 스페인을 더욱 강하게 했다.

　레알 마드리드와 스페인 국가대표로 활약한 수비수 세르히오 라모스는 "레알 마드리드와 바르셀로나 소속 선수들의 의견 불일치가 지속적으로 발생했고 서로를 죽일듯이 다투었다. 계속해서 신경전이 이어졌지만 델 보스케 감독이 우리를 하나로 뭉치게 만들었다. 이때 소속 팀 문제와 대표팀 문제는 별개로 분리해야 함을 깨달았다"고 회상했다.

　델 보스케 감독은 스페인을 이끌면서 조국에 첫 월드컵 우승과 세 번째 유로 우승을 함께 안겨 줬다. 스페인 국가대표팀은 아라고네스 감독과 델 보스케 감독을 지나며 유로 2008, 2010 월드컵, 유로 2012까지 메이저 대회 3연속 제패라는 어마어마한 위업을 달성한 것이다.

스페인 국가대표팀은 메이저 대회 3연속 제패라는 위업을 달성한다.

반대로 잘나가던 팀이 서로 사이가 나빠 싸우기나 해 댄 끝에 몰
락한 사례도 있다. 프랑스 대표팀은 2006년 내분의 정황이 있었으
나 프랑스 축구의 심장 지네딘 지단이 대표팀에 복귀해 월드컵 준
우승까지 성과를 냈다. 그러나 지단의 은퇴 이후 대표팀은 혼란과
불신에 허덕였다. 선수들 간의 감정 섞인 불화에 따돌림까지 드러
났다. 프랑크 리베리와 니콜라스 아넬카 등이 이를 주도했으며 특
히 아넬카는 경기 중 같이 뛰던 요앙 구르퀴프에게 한 차례도 공을
주지 않기까지 했다.

갈등은 2010년 남아공 월드컵 도중에 제대로 폭발했다. 아넬카
는 레몽 도메네크 감독에게 폭언을 날리며 대회 도중에 대표팀에서

퇴출당했고 파트리스 에브라는 훈련 준비 중 트레이너와 말다툼을 벌인 끝에 훈련을 거부하기까지 했다. 도메네크 감독은 이 사태를 전혀 수습하지 못하며 지도력에 큰 문제를 드러냈으며 장 루이 발랑탱 대표팀 단장은 "프랑스인 모두에게 수치스러운 일. 나도 끝이다. 축구협회에서 사퇴하겠다. 넌더리가 난다"라고 선언하며 대표팀을 떠나 버렸다. 불과 4년 전 월드컵 준우승을 거둔 프랑스는 이 대회 조별리그에서 곧바로 탈락하는 굴욕을 맛봤고 불화의 축으로 지목된 에브라와 리베리 등이 3~5경기 출전 정지 징계를 받았다.

축구는 혼자서는 할 수 없는 11명의 팀 스포츠다. 팀이 무너지면 어디까지 망가질 수 있는지 보여 주는 사례라 할 만하다.

종료 휘슬은 울리지 않았다

미래를 소재로 한 SF 영화나 애니메이션을 보면 축구 등 스포츠 경기를 펼치는 장면도 남다르다. 몸에 착용할 수 있는 기계를 온몸에 입고 달리기와 슈팅 파워를 강화해 주는 축구화를 신고 상상할 수 없이 빠르게 달려가 골대의 그물망을 뚫을 만치 강력한 한 방으로 골을 넣어 버린다. 만화 〈드래곤볼〉의 스카우터처럼 안경을 쓰고 상대의 경기력을 측정하는 모습도 충분히 상상할 만하다.

이는 비단 먼 미래의 올 일이 아니다. 2020년대에는 이미 축구에 다양한 과학이 접목되어 흥미를 더하고 있다. 이는 대부분 어떻게 하면 더 뛰어난 플레이를 보여 줄 수 있을지 고민한 결과로 탄생한 것들이다. 축구에 적용되는 과학은 경기 중 주로 쓰는 발뿐만 아니라 온몸에 맞춰 들어간다.

축구 경기를 생중계로 볼 때 얼마 지나지 않아 "저 선수가 뛴 거리는 몇 킬로미터"라며 알려 주는 해설과 자막이 지나간다. 득점과 도움뿐 아니라 기회를 창출한 횟수, 공을 멀리 걷어 낸 횟수, 드리블 횟수와 성공률 심지어 전체 패스 개수까지 상세히 소개된다. 이런 수치는 누가 측정할까? 경기를 세세히 기록하는 사람들이 많아서 하나하나 세는 걸까?

선수들은 유니폼 안에 손가락만 한 장비를 착용한다. 이 자그마한 기기가 실시간으로 정보를 수집해 모아 준다. 이를 전자 퍼포먼스 트래킹 시스템(Electronic Performance & Tracking System, EPTS)이라고 부른다. 이를 통해 모은 데이터는 심박수부터 전체적인 활동량, 달릴 때 최고 속도, 슈팅 및 패스 성공률 등 항목이 매우 세세하다. 선수의 퍼포먼스 하나하나가 전달되는 데 걸리는 시간은 단 30초에 불과하다. 이런 데이터로 감독 및 코치진은 선수의 장단점이나 컨디션을 세밀하게 분석해 선수들에게 맞춤 해결책을 알려 줄 수 있다.

EPTS는 2014년 브라질 월드컵 우승 팀인 독일 국가대표팀이 사용해 큰 효과를 봤다고 알려지며 더욱 주목받게 됐다. 국제축구연맹은 2018년 러시아 월드컵부터 EPTS 사용을 공식 승인하는 한편 성능과 안정성이 검증된 제품만을 쓸 수 있도록 인증 절차를 도입하기도 했다. 이제 EPTS는 세계대회뿐만 아니라 K리그에서도 사용하는 기술이 됐으며 더 나아가서는 조기축구 같은 아마추어 팀들에게도 점차 확대되는 추세다.

축구를 할 때 입는 유니폼 역시 과학기술이 접목되며 매년 달라지고 있다. 이때 관건은 얼마나 더 가벼워지며 얼마나 더 땀 배출이 잘 되느냐다. 90분 내내 넓은 잔디밭을 뛰어다녀야 하는 스포츠다 보니 아무것도 입지 않았다고 느껴질 정도로 가벼워야 시종일관 좋은 경기력을 유지할 수 있다. 땀방울이 흘러 유니폼에 엉겨 붙어서 옷이 축축해지면 그만큼 무거워지므로 땀이 빨리 말라서 빠져나가야 뛰는 데 더 유리해진다.

그래서 나이키나 아디다스 등 주요 스포츠 브랜드는 선수들이 직접 입고 뛸 유니폼을 더 얇고 가볍게 만들고 있다. 이제는 상하의 한 벌이 500그램 정도밖에 되지 않으며 이마저도 10~20퍼센트씩 줄여 가고 있다. 또 원단 곳곳에 그물망 형태의 공기 구멍을 만들어서 바람이 더욱 잘 통하게 해 몸에서 나는 열과 땀이 빠르게 사라지게끔 하고 있다. 즉 선수들은 아주 얇고 촘촘한 그물망을 입고 뛰어다닌다 해도 틀린 말은 아닐 것이다. 격한 움직임으로 피부가 쓸릴 일을 막고자 옷의 이음새를 박음질 대신 접착으로 대신하는 기술 또한 접목됐다.

또 최근의 축구 유니폼은 버려지는 페트병을 재활용해 만들고 있기도 하다. 나이키는 셔츠 한 벌을 만드는 데 플라스틱병 8개를

포지션별로 모양과 기능이 다른 축구화를 신는다.

사용하며 친환경 저지임을 강조하고 있다. 나이키에 따르면 플라스틱을 재활용해 유니폼을 만들면 폴리에스테르를 새로 직조해 만드는 것보다 약 30퍼센트의 에너지 절감 효과가 있다고 한다. 새로운 옷을 생산할 때마다 환경오염 문제가 뒤따라 대두되는 요즘 의미 있는 시도라고 할 만하다.

과학은 축구화와 축구공에도 큰 영향을 미쳤다. 축구화 또한 시간이 갈수록 가벼워져서 한 짝의 무게가 단 100그램쯤밖에 되지 않는다. 포지션별로 축구화가 다른 것은 오래전 일이다. 공격수는 유연하고 빠르게 움직이려면 발이 받는 체중이 분산되어야 하므로 축구화 바닥의 스터드가 13개 내외로 많은 편이다. 반면에 수비수는 지면과 마찰력을 많이 받고 미끄러짐을 최소화해 방향 전환이 자유로울수록 유리하기에 스터드가 6개쯤으로 적게 붙은 축구화를 신는다.

요즘은 이에 더해 가속력 증가, 발목 고정, 킥 정확도 향상 같은 기능성 또한 점차 더해지는 중이다. 기능을 반영하기 위해 신발의 모양도 달라져서 끈이 없는 축구화 그리고, 발목까지 올라오는 축구화까지 등장했다. 덕분에 축구를 즐길 때 이제는 자신의 플레이 스타일에 따라 알맞은 맞춤 축구화를 골라 신는 시대로 나아가고 있다.

축구공은 축구를 만드는 핵심이기도 해서 더 세심하게 달라지고 나아지고 있다. 둘레와 무게는 규격으로 정해져 있어 바꾸기가 어려우나 그 대신 더욱 완전한 구에 가깝게, 공기 흐름을 받아 더욱 다양한 킥이 가능해지도록 발전을 거듭하는 중이다. 그 덕택에 선수들은 필요한 상황에 맞게 공에 회전을 줘서 동료 앞에 딱 떨어지도록 롱패스를 주거나 공을 옆으로 휘게 차는 바나나킥이나 아예 회전이 없는 무회전킥을 차서 골키퍼를 당황하게끔 만들기도 한다.

우리가 그림으로 흔히 접하는 초기 축구공은 전체 조각 수가 32장으로 이루어져 있다. 축구공을 이루는 조각은 차츰 줄어들어 2018 러시아 월드컵을 앞두고는 6개까지 개수를 줄이면서 완벽한 구에 더 가까워졌다. 골프공에 조그만 구멍이 여러 개 파인 것처럼 축구공에도 미세한 돌기가 오돌토돌 추가됐는데 이는 공 표면에 난기류를 발생시켜 양력을 크게 해 공의 속도를 빠르게 하고 멀리 날아가게 하는 효과까지 있다.

더 나아가 축구 훈련에도 첨단기술이 집약된 도구가 눈길을 끌고 확대되는 추세다. SNS 동영상으로 알려지며 유명해진 기기로 14제곱미터 크기의 인조잔디밭과 4면의 벽으로 이뤄진 풋보나우트(Footbonaut)가 있다. 여기서는 휘슬 소리와 함께 무작위로 축구공이 발사되면 선수는 퍼스트터치로 공을 잡고 빛이 표시된 사각형 구멍에 공을 차 넣어야 한다. 이를 통해 선수는 공을 향한 반응 속도와 집중력을 키우고 공을 컨트롤하는 능력과 킥 정확도까지 끌어올릴 수 있다.

사람 골키퍼보다 훨씬 빠른 반응 속도로 상대 선수의 슈팅을 막아 내는 로봇 골키퍼도 재미를 더해 준다. 로봇 골키퍼는 첨단 센서를 통해 공의 움직임을 감지하며 골대 가운데를 축으로 삼아 자동차 와이퍼가 회전하듯 움직여 슈팅을 막아 낸다. 반응 속도에서 엄청난 차이가 나타날 수밖에 없는 로봇 골키퍼는 세계 최고의 축구 선수 리오넬 메시의 슈팅도 막아내 화제를 불러일으키기도 했다.

이처럼 4차산업혁명의 흐름을 하나둘씩 받아들이며 축구의 과학화는 시간이 갈수록 가속을 띠고 있다. 심판 판정은 주심과 부심뿐만 아니라 비디오 판독이 큰 영향을 끼치며 이들이 뛰는 축구장까지도 지붕이 자유자재로 열리고 닫히거나 잔디밭 전체가 움직여서 경기장 밖으로 나갔다가 안으로 다시 들어오는 등 첨단화되는 중이다. 위에서 소개한 사례들 대부분 이미 현재 진행되고 있는 것들이라는 점 역시 놀라울 따름이다. 10년이나 20년 뒤 축구는 또 어떻게 바뀌어 우리를 웃기고 울리게 될지 사뭇 궁금하다.

참고 문헌

- 강준만 『축구는 한국이다』 인물과사상사, 2006

- 한준 『엘 클라시코의 모든 것』 브레인스토어, 2013

- 스테판 지만스키 『축구 자본주의』 이창섭 옮김, 처음북스, 2016

- 스테판 지만스키 등 『왜? 세계는 축구에 열광하고 미국은 야구에 열광하나』 김광우 옮김, 에디터, 2006

- 스티븐 제라드 『스티븐 제라드 : 마이 스토리』 홍재민 옮김, 브레인스토어, 2016

- 조나단 윌슨 『축구철학의 역사』 하승연 옮김, 리북, 2015

- 프랭클린 포어 『축구는 어떻게 세계를 지배했는가』 안명희 옮김, 말글빛냄, 2005

세상은 축구공 위에 있어

ⓒ 장지원, 2021

초판 1쇄 발행일 2021년 5월 14일
초판 3쇄 발행일 2024년 8월 1일

지은이   장지원
펴낸이   정은영

펴낸곳   (주)자음과모음
출판등록   2001년 11월 28일 제2001-000259호
주소   10881 경기도 파주시 회동길 325-20
전화   편집부 (02)324-2347, 경영지원부 (02)325-6047
팩스   편집부 (02)324-2348, 경영지원부 (02)2648-1311
이메일   jamoteen@jamobook.com

ISBN 978-89-544-4709-6 (44080)
        978-89-544-3135-4 (set)